¡Ssssssshhhhhhhhhh!

Haz del teatro algo íntimo

Llévalo siempre en el bolsillo

Cubierta y diseño editorial: Éride, Diseño Gráfico
Dirección editorial: ángel jiménez

Primera edición: mayo, 2025

Jardiel en la checa.
© Ramón Paso
© VdB, 2025
Espronceda, 5
28003 Madrid

VdB®

ISBN: 979-13-87644-19-2
Depósito Legal: M-11306-2025
Diseño y preimpresión: Éride, Diseño Gráfico

Este libro protege el entorno

Jardiel en la checa

Inspirado en la experiencia real
que vivió Enrique Jardiel Poncela
el 16 de agosto del 36
en una checa en Madrid

Ramón Paso

Dramaturgo, guionista y director de escena nacido en Madrid en 1976. Nieto de Alfonso Paso y bisnieto de Enrique Jardiel Poncela.

Cuenta con más de cincuenta montajes teatrales, tanto como dramaturgo, director de escena o en ambas funciones, entre los que podemos destacar títulos como *El reencuentro, El mensaje, Dos locas de remate, La importancia de llamarse Ernesto, Usted tiene ojos de mujer fatal... en la radio, Otelo a juicio, Blablacoche, Papá es Peter Pan y lo tengo que matar, La ramera de Babilonia, Drácula. Biografía NO autorizada, Lo que mamá nos ha dejado, El secreto, Huevos con amor, Jardiel enamorado* o el musical *Desencantadas*. Por otro lado, es responsable de las últimas versiones estrenadas de *Eloísa está debajo de un almendro* de Jardiel Poncela, *Otra vuelta de tuerca* de Henry James, *Sueño de una noche de verano* de William Shakespeare o *Tragedia española* de Thomas Kyd.

Tambien ha trabajado como guionista de televisión para algunas de las más importantes productoras audiovisuales del país.

Desde 2016 hasta 2018 trabajó en el Centro Dramático Nacional como asesor de dramaturgia, bajo las órdenes de Ernesto Caballero.

Ramón Paso

Jardiel en la checa

Inspirado en la experiencia real
que vivió Enrique Jardiel Poncela
el 16 de agosto del 36
en una checa en Madrid.

Esta comedia trágica se estrenó en el teatro María Guerrero de Madrid
el 23 de enero de 2017 interpretada, por orden de intervención,
por Carlos Seguí (Miguel) y Juan Carlos Talavera (Jardiel)

Dirección: Ramón Paso.

A Ernesto.
Por la escala de grises.

Escala de grises

Escribir y dirigir *Jardiel en la checa* ha sido una de las experiencias más reconfortantes y gratificantes de mi carrera. Todo comenzó con una encomienda de Ernesto Caballero en 2016, mientras él era director del CDN. En esa época yo trabajaba para él como asesor de dramaturgia. Había participado bajo sus órdenes en *Tratos* y estábamos preparando *Jardiel, un escritor de ida y vuelta*, donde yo repetiría como asesor de dramaturgia, y buscábamos alguna actividad que complementase el estreno de su versión de *Un marido de ida y vuelta* de Enrique Jardiel Poncela. Estábamos en su despacho en el María Guerrero, sentados y lanzando ideas. ¿Una lectura dramatizada de *El amor solo dura 2.000 metros*? ¿Una lectura de algunos poemas de Jardiel? ¿Una exposición de las pinturas de Marcelina Poncela, la madre de Jardiel? En ese momento me costaba dar ideas. Me impresionaba Ernesto, me impresionaba el cargo y me impresionaba mucho el despacho en el María Guerrero. Aun así, más por potra que por otra cosa, saqué a colación la experiencia que tuvo Jardiel en una checa, durante el principio de la Guerra Civil Española. Comentamos lo complicado que sería reflejar el cariz político de esa época sin acabar tachados de *fachas*, *guerracivilistas* o cualquier otra chorrada. Ya, en ese año, Ernesto comentaba lo polarizada que estaba la sociedad y cómo era de complicado entender que la política no era fútbol; no sirve ser de un equipo ocurra lo que ocurra. Aproveché para recordar una frase de Jardiel, que siempre me ha llegado especialmente: *hay que aprender a respetar lo defectuoso en los demás.*

—¿A ti te apetecería? —me preguntó.

—¿El qué?

—Escribirlo y, ¿por qué no?, dirigirlo.

—¡Claro!

Negocié las condiciones con Fernando Delgado y empecé a leer y escribir. Los datos ciertos y absolutos son que Jardiel fue denunciado por tres colegas de profesión, los cuales le acusaban de fascista, y fue detenido en su casa y llevado a una checa, donde le interrogaron. Al día siguiente los milicianos le soltaron, y esa tarde fueron a ver cómo trabajaba en uno de los cafés a los que el dramaturgo era adicto. Después Jardiel estuvo varias semanas escondido en su casa, incluso se dejó barba en un fútil intento de pasar desapercibido. Tras ese tiempo, pasó a la zona Nacional, donde escribió feroces diatribas contra los republicanos y el régimen democrático que gobernaba en España antes del golpe de estado. En el prólogo de *Un marido de ida y vuelta*, Jardiel cuenta la historia de su interrogatorio exhibiendo una absoluta confianza en sí mismo y un valor tan desmesurado que, en comparación,

Batman es un pitufo asustadizo. Además, cuenta el incidente de los milicianos yendo a verle, como otro instante para mostrar su talante controlado y valiente. Todo esto lo escribe durante el Franquismo.

He leído mucho a Jardiel. Y creo que una persona es como escribe. Siempre he visto a Enrique Jardiel Poncela como un hombre optimista, un fantástico encajador, a veces un poco fanfarrón, hedonista, seductor, elitista, inteligente, otras veces, un poco paranoico... Un ser humano. Y un ser humano no puede ser tan valiente y mantener un talante tan controlado. Ser valiente es el punto medio entre la cobardía y la temeridad. Jardiel parece temerario durante el incidente de la checa. Cuando me puse a escribir, me planteé que una persona a la que se llevan a un sitio donde se mata a la gente, tiene que acojonarse, aunque intente no aparentarlo. Trabajando con Ernesto aprendí una cosa muy valiosa, que hoy es perseguida y castigada, *la escala de grises*. El bueno no debe ser muy bueno, ni el malo, muy malo. Todos los personajes deben hacer lo que creen correcto, independientemente de que se perciba desde fuera como bueno o malo. Y puede ser que el asesino sea bondadoso, aunque mate, y que el cirujano sea un pedófilo, aunque dedique su vida a curar. *Escala de grises*. Por desconocimiento de este principio, a día de hoy, la programación que firma Alfredo Sanzol en el CDN es una mierda, o la obra *Himmelweg* de Mayorga se convierte en una

11

caricatura o *La mirada del hombre oscuro* de Ignacio del Moral se queda reducida a una anécdota buenista tontorrona o mi propio *Hazlo, nena, hazlo* termina siendo una mierda de tortuga por lo panfletario.

Un hombre que se esconde en su casa durante seis meses no es el superhéroe que dibuja Jardiel de sí mismo en su prólogo. Mantuvo el tipo, porque si no, le habrían matado; acertó el nombre de los tres compañeros que le denunciaron por envidia, porque si no, le habrían matado; y supo comunicarse con el hombre que le interrogó, porque si no... ya sabes. Igual que no creo que nadie pensase en Jardiel como en un fascista, porque si no, no le habrían dejado en paz escribiendo en un café. Jardiel coqueteó con la izquierda y la derecha, aborreciendo el comunismo a su paso, que, oye, aborrecer el comunismo no es una cosa mala; lo hacen los socialistas, los Anarquistas y demás facciones de izquierda. Mucha gente, algunos de sus biógrafos y *jardielistas* muy sesudos, mantienen que él se escoró a la derecha porque unos milicianos le robaron el coche. ¿En serio? ¿De verdad? ¿Se pasó la noche entera en una checa, muerto de miedo, creyendo que le mataban, y lo que le jodió fue lo del coche? ¿Suena serio? También una manada de exiliados republicanos le pegó una paliza en Uruguay. ¿Pesó más lo del coche que la paliza?

Nunca me ha importado si un artista fue de derechas, izquierdas, machista, antisemita, demócrata o un tirado. No es relevante a la hora de leer, escuchar o admirar. Adoro a Pirandello, que fue fascista, y a Sartre, que fue comunista; leo a Céline con placer, aunque sea antisemita, igual que a Julio Verne; me encanta Strindberg, que fue misógino, y me fascina Kristen Roupenian, que no se lleva exactamente bien con los hombres. En el proceso de recrear el incidente real, en forma de ficción, de la noche que Jardiel pasó en una checa tuve en cuenta que era un hombre conservador con aires liberales. La Iglesia se negó a enterrarle en sagrado, la derecha censuró, cuando no prohibió, sus obras, y la izquierda le apaleó y, hoy en día, le mantiene todo lo alejado que puede de los escenarios. Es más, yo mismo me considero socialista, aunque creo que ellos llevan tiempo sin serlo; apoyo la política cultural del PP, mientras estoy en contra de la política sanitaria de la derecha en general; soy judío, pero me encantan las iglesias y no le hago ascos a rezar en ellas; apoyo el derecho al aborto, al matrimonio homosexual, el respeto a cualquier raza, credo, opción sexual, etc... pero no logro tragar a los de SUMAR o Podemos, que dicen defender eso mismo que conforma mi corpus ético; y creo que el *wokismo* es el peor *ismo* que hemos tenido en la historia. ¿Tienes los santos cojones de intentar encasillarme en una opción concreta, cuando la mitad del tiempo ni yo mismo sé qué soy? Mientras escribía *Jardiel en la checa* solo era capaz de pensar en el hombre, el escritor, acojonado en un despacho, convencido de que le iban a matar esa misma noche. No me importan las creencias de la gente sino sus acciones, y por eso escribí una obra basada en acciones, donde ni Jardiel es malo, ni el camarada panadero, que le interroga, lo es tampoco. El teatro interesa en la medida en la que reúne a la comunidad y le permite enfrentar sus miedos y sus ansias como seres humanos, invitándola a prescindir de las certezas y abandonarse a las delicias de la duda. Solo los idiotas lo tienen todo claro.

Del proceso de dirección solo recuerdo una cosa: la primera vez que me subí al escenario del María Guerrero. Tuve vértigo. Ya había estado allí como parte del equipo de Ernesto, pero en esa ocasión yo era el director de escena, y la responsabilidad era mía por completo. Gracias, doña María, por no echarme de su escenario.

Y del estreno, recuerdo ver la función, acojonado, en el palco del director del CDN junto a Ernesto e Ignacio, y recuerdo a los dos felicitándome y con aspecto de estar satisfechos por mi trabajo. Fue muy bonito, sobre todo viniendo de Ernesto, que me ha enseñado mucho sobre teatro y dramaturgia. Para mí tuvo un significado especial, porque una de las primeras obras que me llamó la atención y me hizo pensar que quería dedicarme profesionalmente al teatro fue *Precipitados*, donde escribían Ernesto e Ignacio.

Hoy, mientras mi editor y amigo, Ángel Jiménez, prepara la edición de esta obra, ya editada en su momento en la colección del CDN *Autores en el Centro*, pienso que *Jardiel en la checa* quedó bien, que es una obra honesta, que me hubiese gustado que mi abuela estuviese viva y hubiese podido verla; me habría encantado regalarle esta nueva edición, me habría hecho muy feliz... También resultó que la gente se rio mucho más de lo que yo esperaba con esta tragedia, parece ser cómica, y una de las frases que decía el personaje de Jardiel —*pero, ¿se ríen?, ¿se ríen?*— Ernesto me dijo que era más mía que de Jardiel. O puede que de los dos.

Pienso en que la gente se sigue riendo con lo que Enrique escribió, pienso en que es la primera vez que le llamo por su nombre de pila, pienso en el futuro del teatro y del país, pienso en la pintura inmortal de Degas, pienso en la música de Mozart, que habla con Dios, pienso en los maravillosos miembros juramentados de esta salvaje tribu nuestra y pienso en que cada día somos menos en esta buena profesión, haber hay muchos, auténticos quedamos pocos.

En el alma suena y sonará siempre *There's No Business Like Show Business*.

Calix meus inebrians.

Ramón Paso
Madrid, 20/4/25

Personajes

JARDIEL
MIGUEL

2

Acto único

La acción, en Madrid. 1936. Una checa.

Se hace la luz muy despacio, iluminando un despacho oscuro y espartano. El único mobiliario que hay en la pieza se reduce a una mesa grande de madera, maltratada, y dos sillas también de madera, una a cada lado. En la mesa, algunos cercos de vasos, algo de comida a medio terminar y unos papeles desordenados. Sentado en una de las sillas se encuentra Enrique JARDIEL *Poncela. Se trata de un hombre bajito, de treinta y tantos años, bien peinado y bien afeitado, de gesto duro —que se anima cuando sonríe— e inquieto. Ahora mismo viste un pijama, y se encoge por el frío. Está intranquilo y, a cada segundo, mira hacia el foro. Hace ademán de consultar la hora, pero no lleva el reloj. Se inquieta aún más. En ese instante, se escucha el sonido de una puerta abriéndose, y* JARDIEL *se sobresalta, poniéndose de pie. Sale a escena* MIGUEL *Puente.* MIGUEL *es un hombre grande, de gesto afable, pero de ademanes seguros y fuertes. Tiene cuarenta y cinco años. Viste el uniforme de miliciano, y lleva, bajo el brazo, una carpeta de cartulina marrón.* MIGUEL, *sin saludar siquiera, se sienta en la mesa, abre la carpeta y comienza a revisar unas notas. Silencio.* JARDIEL *no sabe cómo reaccionar. Se decide a hablar. Hace amago, pero* MIGUEL *le detiene con un ademán de la mano. Incomodidad.* JARDIEL *vuelve a hacer otro intento de hablar, con idénticos resultados.* JARDIEL *se resigna.* MIGUEL *levanta la cabeza de los papeles y le mira fijamente.*

Y así, comienza la acción.

MIGUEL   ¿Sabe usted por qué está aquí?

JARDIEL   No lo sé.

MIGUEL   ¿No lo sabe?

JARDIEL   No sé por qué estoy aquí.

MIGUEL   ¿No sabe usted por qué le han sacado de su casa, en mitad de la noche, y le han traído hasta...?

JARDIEL   Mi coche.

MIGUEL   ¿Su coche?

JARDIEL   Me han robado mi coche.

MIGUEL   ¿Se lo han robado?

JARDIEL   Hace tres días, unos...

MIGUEL   ¿Quién?

JARDIEL   ¿Qué?

MIGUEL   ¿Quién se lo ha robado?

JARDIEL   Ustedes.

MIGUEL   Nosotros.

JARDIEL   Milicianos.

MIGUEL   No estamos aquí por su coche.

JARDIEL   En mitad de la calle...

MIGUEL   Le he dicho...

JARDIEL   Me obligaron a bajarme de mi coche, del coche que yo había comprado...

MIGUEL   No estamos aquí...

JARDIEL   ¡Del coche que yo había comprado con el dinero que había ganado trabajando! ¡Trabajando!

MIGUEL   (*Subiendo la voz.*) ¡No estamos aquí por eso! Usted no está aquí por su coche. No lo está. No se confunda.

              (JARDIEL *se aparta levemente de la mesa.* MIGUEL *le hace un ademán para que se siente.*)

JARDIEL   Estoy bien de pie.

MIGUEL   Como quiera.

JARDIEL   Cuando me han sacado de mi casa...

MIGUEL   Cuando le han detenido...

JARDIEL   ¿Estoy detenido?

MIGUEL   Al menos, de momento.

JARDIEL   Te detiene la Ley, no un grupo de...

MIGUEL   ¡Le han detenido! ¿Usted entiende, usted es capaz de entender su situación, su situación actual?

             (*Silencio.*)

JARDIEL   Estoy detenido.

MIGUEL   Está detenido. Usted está detenido.

JARDIEL   Por milicianos. (*Silencio.*) Los mismos milicianos que me robaron el coche. Unos milicianos muy ocupados, por lo que parece.

MIGUEL   Nombre.

JARDIEL   ¿Mi nombre?

MIGUEL   Su nombre.

JARDIEL   Usted ya sabe quién soy.

MIGUEL   Le estoy preguntando...

JARDIEL   Usted sabe perfectamente quién soy.

MIGUEL   Yo le estoy preguntando a usted...

JARDIEL   Y si no lo sabe, lo tiene apuntado en su carpeta.

MIGUEL   (*Seco, duro.*) Su nombre.

JARDIEL   Enrique Jardiel Poncela.

MIGUEL   Ocupación.

JARDIEL   Autor teatral.

MIGUEL   ¿Y eso da dinero?

JARDIEL   (*Encogiéndose de hombros.*) A veces...

MIGUEL   ¿A usted se lo da?

JARDIEL   ¿Quiere dinero?

MIGUEL   Solo le estoy preguntando.

JARDIEL   Me está preguntando...

MIGUEL   Por curiosidad.

JARDIEL   ¿Estoy aquí por curiosidad?

MIGUEL   Está usted por la gente. Por la gente que conoce.

JARDIEL   Y que habla de mí.

MIGUEL   En su profesión... ¿Está usted seguro de que
             no quiere sentarse? (*Continúa ante la falta de
             reacción.*) En su profesión conocerá usted mu-
             cha gente.

JARDIEL   ¿Qué quiere decir?

MIGUEL   Solo quiero decir que conocerá gente.

JARDIEL   La conozco.

MIGUEL   Gente muy distinta.

JARDIEL   (*Apoyándose en la mesa con las manos, a pun-
             to de perder los nervios.*) Mucha gente distin-
             ta, sí. Conozco mucha gente. Usted también
             conocerá gente.

MIGUEL   No estamos aquí para hablar de mí.

JARDIEL   ¿A dónde quiere llegar?

MIGUEL   ¿Falangistas?

JARDIEL   (*Se aparta de la mesa.*) Y comunistas.

MIGUEL   ¿Monárquicos?

JARDIEL   Y anarquistas. ¿Y sabe lo que más conozco?
             Camareros.

MIGUEL   ¿Camareros?

JARDIEL   Me gusta mucho el café. ¿A dónde quiere llegar?

MIGUEL   ¿Le apetece un cigarrillo?

JARDIEL   No le entiendo.

MIGUEL   Le relajaría.

JARDIEL   ¿Qué más da la gente que yo conozca o no? ¿Qué importa?

MIGUEL   ¿No fuma?

JARDIEL   No tiene derecho, usted no tiene derecho a retenerme aquí. Quiero que me... No, quiero, no. ¡Exijo que me dejen salir ahora mismo de este sitio y que me devuelvan a mi casa! ¡Lo exijo!

MIGUEL   ¿Usted no fuma?

JARDIEL   No quiero fumar.

MIGUEL   ¿No quiere fumar?

JARDIEL   No quiero fumar con usted. ¿Por qué estoy aquí?

MIGUEL   ¿Tiene amigos?

JARDIEL   Tengo éxito. (*Silencio.*) El éxito atrae a la gen-
           te, pero no da amigos.

MIGUEL   Mala vida.

JARDIEL   ¿Qué estoy haciendo aquí?

MIGUEL   Hablar.

JARDIEL   Esto no es hablar.

MIGUEL   ¿Y qué es, entonces?

JARDIEL   Un interrogatorio. Me está interrogando. No
           me tome por estúpido. Usted me está interro-
           gando y aún nadie me ha explicado por qué.

MIGUEL   Muchos de sus amigos son rebeldes.

JARDIEL   Ya le he dicho que...

MIGUEL   Rebeldes que se han marchado.

JARDIEL   ¿Qué tiene que ver eso conmigo?

MIGUEL   Se han fugado a la zona nacional.

JARDIEL   No entiendo a dónde quiere usted llegar. Si
           tiene algo que decir, dígalo, dígalo de una vez.
           Me han sacado, escúcheme, me han sacado de
           mi casa delante de mi hija, ¡de mi hija peque-
           ña!, y de mi compañera. ¿Usted imagina el
           susto que deben de estar pasando?

MIGUEL   ¿No está casado?

JARDIEL   ¿Y eso qué importa ahora?

MIGUEL   (*Seco.*) ¿No está casado?

JARDIEL   No lo estoy.

MIGUEL   ¿Por qué? (*Silencio.*) Es solo una curiosidad personal.

JARDIEL   No he sentido la necesidad.

MIGUEL   ¿Por qué no se ha marchado?

JARDIEL   ¿Qué?

MIGUEL   Usted no se ha ido.

JARDIEL   Yo no me he ido.

MIGUEL   ¿Por qué?

JARDIEL   Porque no tengo miedo.

MIGUEL   ¿No lo tiene?

          (*Silencio.*)

JARDIEL   ¿Hay motivo para tener miedo?

MIGUEL   Siempre lo hay.

JARDIEL   ¿En Madrid?

MIGUEL   En el mundo entero.

JARDIEL   ¿Yo... yo tengo que tener miedo?

MIGUEL   Todos deberíamos tenerlo. Las noticias que llegan del Sur... (*Pausa.*) Usted tiene amigos, colegas, falangistas.

JARDIEL   ¿Por qué estoy aquí?

MIGUEL   Porque le han denunciado, señor Jardiel. ¿Seguro que no quiere fumar?

JARDIEL   ¿Quién?

MIGUEL   Eso no viene al caso.

JARDIEL   ¿De qué?

MIGUEL   ¿De qué?

JARDIEL   ¿De qué se me acusa? Tengo derecho a saber de qué se me acusa.

MIGUEL   (*Mirando los papeles.*) Usted ha ocultado en su casa a un conocido falangista, a un quintacolumnista, señor Jardiel. Ha ocultado en su casa a un hombre que trabaja para derrocar la República. Rafael Salazar Alonso.

JARDIEL   No he hablado una palabra con él en mi vida.

MIGUEL   ¿Está seguro?

JARDIEL   Completamente.

MIGUEL   Esa sola acusación de por sí basta para que usted se vea ante un tribunal, ¡ante un tribunal, señor Jardiel!, juzgado por traición.

JARDIEL   ¿Hay más?

MIGUEL   ¿Más?

JARDIEL   Denuncias.

MIGUEL   Se le acusa de falangista, señor Jardiel. Y ya sabe lo que eso significa.

     (*Silencio.*)

JARDIEL   (*Titubeante.*) Yo no soy fascista.

MIGUEL   Tiene muchos amigos que lo son.

JARDIEL   ¿Puedo sentarme?

MIGUEL   Tiene muchos amigos que sí son fascistas.

JARDIEL   ¡Soy autor teatral! Trato con mucha gente distinta. Ya se lo he dicho. Usted me ha preguntado y yo le he dicho...

MIGUEL   Sé lo que le he preguntado.

JARDIEL   No conozco las ideas de esas personas. No me interesan. No elijo a mis amistades por su ideología.

MIGUEL   ¿No le interesa la política?

JARDIEL   No me interesa lo que los hombres hacen con la política.

MIGUEL   Es usted un elitista. (JARDIEL *se ríe con tristeza*.) ¿Le hace gracia?

JARDIEL   Me da miedo.

MIGUEL   ¿Y se ríe?

JARDIEL   Es la costumbre.

MIGUEL   El tribunal...

JARDIEL   ¿Esto no es un tribunal?

MIGUEL   Solo le estoy interrogando... (*Silencio*.) Siéntese. (JARDIEL *obedece*.) Todos los días nos llegan varias denuncias contra usted.

JARDIEL   (*Con sorna*.) ¿Todos los días?

MIGUEL   Bastantes días.

JARDIEL   Ya le he dicho que soy un hombre de éxito.

MIGUEL   El éxito es su excusa para todo.

JARDIEL   La envidia es algo muy español.

MIGUEL   Ya no se ríe.

JARDIEL   Ha sido un impulso.

MIGUEL   (*Revisando las notas de su carpeta.*) Son muchas denuncias. ¿Tanto éxito tiene?

JARDIEL   (*Encogiéndose de hombros.*) Bueno...

MIGUEL   ¿Es usted republicano?

JARDIEL   Soy español.

MIGUEL   ¿Usted entiende que tiene que responder a mis preguntas, que tiene que responder a mis preguntas porque si no...?

JARDIEL   ¿Qué me van a hacer? (*Silencio.*) Yo no soy fascista.

MIGUEL   Ya lo ha dicho.

JARDIEL   Pero usted no se entera, así que yo se lo repito: No soy fascista.

MIGUEL   Pero simpatiza.

JARDIEL   Últimamente yo no simpatizo con nada. ¿Qué va a pasarme?

MIGUEL   Que le voy a seguir interrogando... de momento.

JARDIEL   ¿De momento?

MIGUEL   De momento.

JARDIEL   ¿Y después?

MIGUEL   Depende de las respuestas.

(A lo lejos, se escuchan gritos de dolor. Son algo muy lejano, que podría oírse o no. Puede ser un hombre siendo golpeado o algo que lo parece. JARDIEL se levanta de golpe, asustado, inquieto. Mira a MIGUEL e intenta recuperar la compostura.)

JARDIEL   ¿Qué es eso?

MIGUEL   Nada.

JARDIEL   ¿Qué era eso?

MIGUEL   Nada. Ya ha pasado.

JARDIEL   Eran gritos. ¡Gritos de una persona!

MIGUEL   Estamos en guerra.

JARDIEL   ¿Y eso lo justifica todo?

MIGUEL   Eso no justifica nada, pero lo permite todo. (*Silencio.*) Siéntese, por favor. (JARDIEL *sigue mirando hacia donde venían los gritos. Seco.*) Que se siente, he dicho. (JARDIEL *obedece.*) Hay muchas denuncias. Muchas. Se le relaciona con traidores reconocidos.

JARDIEL   Me da miedo cuando se empieza a hablar de traidores.

MIGUEL   Pensaba que usted sería más ingenioso.

JARDIEL   ¿Le parezco poca cosa?

MIGUEL   Me parece poco ingenioso.

JARDIEL   No estoy yo para mucho ingenio.

MIGUEL   En sus obras, los personajes hablan con mucha gracia.

JARDIEL   Una cosa es el escritor y otra, el hombre. ¿Ha visto mis obras?

MIGUEL   Alguna.

JARDIEL   ¿Le gustaron?

MIGUEL   Según leo aquí, muchas de sus relaciones apoyan el *golpe*.

JARDIEL   En mi profesión hay de todo.

MIGUEL   ¿De todo?

JARDIEL   Por eso me gusta.

MIGUEL   ¿Alguien que se haya significado...?

JARDIEL   ¿Significado?

MIGUEL   ¿Significado especialmente?

JARDIEL   ¿Respecto a qué?

MIGUEL   A la situación. La situación actual.

JARDIEL   ¿Me está pidiendo que le cuente lo que ha dicho la gente que conozco?

MIGUEL   Le estoy dando una salida.

JARDIEL   No hablo de política.

MIGUEL   ¿Nunca?

JARDIEL   Jamás.

MIGUEL   ¿Por qué?

JARDIEL   Por cosas como estas.

MIGUEL   ¿Ninguno de sus colegas ha hablado del gobierno?

JARDIEL   Ninguno.

MIGUEL   ¿Ninguno ha hablado de los sublevados?

JARDIEL   No lo sé.

MIGUEL   ¿De Mola, de Franco, de...?

JARDIEL   No lo sé.

MIGUEL   ¿Algún conocido ha hablado de pasarse...?

JARDIEL   No conmigo.

MIGUEL   Tal vez una actriz...

JARDIEL   No.

MIGUEL   Un comentario...

JARDIEL   No.

MIGUEL   Alguna frase...

JARDIEL   No.

MIGUEL   Alguna frase a favor o en contra de...

JARDIEL   No.

MIGUEL   En Madrid hay...

JARDIEL   No lo sé.

MIGUEL   Gente que trabaja...

JARDIEL   No sé de qué me habla.

MIGUEL   Trabaja para traicionar a la ciudad...

JARDIEL   No lo sé.

MIGUEL   Quintacolumnistas.

JARDIEL   No los conozco.

MIGUEL   Traidores.

JARDIEL   No lo sé.

MIGUEL   ¡Hombres y mujeres que pasan información al enemigo!

JARDIEL   No los conozco.

MIGUEL   Gente que puede hacer que Madrid caiga.

JARDIEL   No lo sé.

MIGUEL   ¡Señor Jardiel, le estoy preguntando...!

JARDIEL   (*Gritando.*) No lo sé. No sé nada de lo que me está preguntando. No sé nada. ¡No lo sé! Y no lo voy a saber. Pregunte cuanto quiera, yo no lo voy a saber. No lo voy a saber. No va a pasar.

MIGUEL   No está en posición de cuestionar mis preguntas. No lo está. No confunda mi amabilidad con debilidad.

JARDIEL   No lo hago.

MIGUEL   Usted no comprende la situación de Madrid. No la comprende.

JARDIEL   Eso puede ser. ¿Usted es militar?

MIGUEL   Comandante.

JARDIEL   ¿Militar?

MIGUEL   De las Milicias Socialistas.

JARDIEL   ¿Y antes?

MIGUEL   Panadero.

JARDIEL   ¿Y se gana dinero con eso?

MIGUEL   (*Sonriendo.*) A veces...

JARDIEL   Y usted, como comandante panadero, ¿comprende la situación de la ciudad, de Madrid?

MIGUEL   La comprendo.

JARDIEL   Le escucho.

MIGUEL   ¿Me escucha?

JARDIEL   Le escucho.

MIGUEL   Usted me escucha a mí.

JARDIEL   Yo le escucho.

MIGUEL   Hay una columna.

JARDIEL   ¿Una columna?

MIGUEL   Marcha sobre Madrid.

JARDIEL   ¿Se lo han dicho?

MIGUEL   Lo sabemos. Viene desde el Sur. Marcha con un solo objetivo: la destrucción completa de la República. La destrucción de Madrid.

JARDIEL   Algunos dirían que viene a liberar la ciudad.

MIGUEL   ¿Usted lo diría?

JARDIEL   Algunos.

MIGUEL   ¿Sus amigos?

JARDIEL   Algunos.

MIGUEL   Rafael Salazar Alonso.

JARDIEL   Ya le he dicho que no he hablado jamás con ese señor, así que no tengo idea de lo que dice o deja de decir.

MIGUEL   Esa columna viola y asesina a su paso. Pregunte usted a sus amigos en el Sur. Esa columna es la negación del ser humano.

JARDIEL   (*Subiendo el tono.*) ¡Esto es una guerra! ¿Qué esperaba?

MIGUEL   Su objetivo no es la guerra; es la destrucción. No hacen prisioneros. No perdonan. No tienen piedad. Pregunte, pregunte usted lo que ha pasado en Sevilla. Pregunte usted lo que ha ocurrido en Triana. ¡Pregunte usted! Los muertos se cuentan por millares.

JARDIEL   No sé por qué me cuenta esto a mí. No sé por qué me lo cuenta.

MIGUEL   Usted ha dicho que me escuchaba.

JARDIEL   Y le escucho.

MIGUEL   Y yo le hablo de muertos. Muertos en retaguardia.

JARDIEL   Yo he visto lo que pasa en Madrid.

MIGUEL   ¿Habla de su coche otra vez?

JARDIEL   Hablo de los muertos. Los muertos de Madrid.

MIGUEL   En Madrid hay legalidad. Usted, ¡usted mismo!, está siendo interrogado. En el Sur, Queipo de Llano anima a sus moros a violar a las mujeres. ¡Les anima desde la radio! No se confunda, Jardiel, esto no es una guerra, es un holocausto. En Madrid hay inocentes y culpables. Para ellos, todos los rojos somos culpables. Y solo hay un castigo para los culpables.

JARDIEL   ¿Culpables?

MIGUEL   ¡Culpables!

JARDIEL   ¡Yo soy inocente!

MIGUEL   ¿Lo es?

JARDIEL   ¡Lo soy!

MIGUEL   Esa es su opinión.

JARDIEL   Lo soy y aquí estoy, preso, sacado de mi casa con violencia. Mi compañera debe de estar volviéndose loca. Yo lo estaría. Imaginará cualquier cosa. ¡Cualquier cosa! Ella sabe, ¡yo sé!, sabemos lo que pasa con la gente que se trae a estos sitios.

MIGUEL   ¡Ha habido un golpe de estado! ¡Un golpe de estado!

JARDIEL   ¡Que no tiene nada que ver conmigo!

MIGUEL   Un golpe de estado que nace del Ejército. De ese mismo ejército que juró proteger a la República. No podemos confiar en los militares. ¡No podemos! Toda nuestra defensa depende de los milicianos, del pueblo, de personas como yo... como usted. No tenemos ejército, ejército que nos defienda. No podemos confiar en nadie.

JARDIEL   ¡¿Y qué tiene que ver todo eso conmigo?! Yo soy escritor. Yo no debería estar aquí. ¡No debería estar aquí! (*Subiendo el tono.*) ¡Y exijo que se me devuelva a mi casa! ¡Ahora mismo! ¡Lo exijo!

MIGUEL   En Madrid hay traidores.

JARDIEL   ¿A qué?

MIGUEL   A España.

JARDIEL   Se habla demasiado de España.

MIGUEL   Pero este gobierno, el de aquí, el suyo, es el que votamos. El que votamos, señor Jardiel. El que votamos en libertad.

JARDIEL   ¿Qué libertad? ¡Ustedes prohibieron mi *Tournée de Dios*! ¿Eso es libertad? (*Murmurando.*) Un libro bueno, inteligente. Lo mejor que he escrito, y lo prohibieron. ¡Probablemente lo mejor que he escrito y la gente no puede leerlo! (*Se levanta, enardecido.*) La República, ese gobierno que votamos, que todos votamos, ha suspendido ciento cuarenta y cuatro diarios. Me río yo de eso que llaman ustedes libertad.

MIGUEL   ¡Diarios que buscaban la perdición de la República!

JARDIEL   ¡España no es republicana, nunca lo ha sido! ¡España es anarquista! ¡España reniega de cualquiera que le diga lo que tiene que hacer!

MIGUEL   ¡Ha habido elecciones! ¡Elecciones que no había desde...!

JARDIEL   ¡No me sea infantil!

MIGUEL   ¡Elecciones, señor Jardiel!

JARDIEL   Usted no se entera de nada, comandante panadero. España es una gran masa neutral e indiferente a la política, que desea únicamente vivir lo mejor posible y con el mínimo esfuerzo. Eso es España.

MIGUEL   Y ha aceptado la República.

JARDIEL   Claro que la ha aceptado. La ha aceptado esperando que ella le realice ese ideal de felicidad sin trabajo; como ya lo había esperado de la Dictadura; y antes, de la monarquía de Alfonso XIII; y antes, de la Regencia; y antes, de Alfonso XII; y antes, de la Primera República; y antes, de Amadeo; y antes, de Isabel II... y si me apura, antes, de Adán y Eva. España aceptará a cualquiera que le prometa felicidad sin esfuerzo. Y cuando esa promesa no se cumpla, se revolverá. Murmuró y buscó la perdición de todos los anteriores, y ahora lo hace de la República. España es un pueblo de niños enfadados que se odian porque no se respetan.

MIGUEL   Tiene usted muy mala opinión de los espa-
            ñoles.

JARDIEL   Porque les conozco bien. Son caprichosos y
            crueles. Por eso necesitan un gobierno fuer-
            te, un gobierno que les domine.

MIGUEL   ¿Un gobierno de golpistas?

JARDIEL   No ha escuchado nada de lo que le he dicho.

MIGUEL   (*Seco.*) ¿Un gobierno de golpistas?

JARDIEL   Un gobierno que no queme periódicos.

MIGUEL   En Madrid...

JARDIEL   ¡Se oyen gritos en la calle!

MIGUEL   Le estoy diciendo...

JARDIEL   Vamos a ser sinceros. ¡Yo lo he oído, lo he
            oído! He oído a masas salvajes gritando: "¡A
            quemar el ABC! ¡A quemarlo, a quemarlo!".
            ¿Qué tiene que ver eso con la libertad?

MIGUEL   ¡En Madrid hay quintacolumnistas que...!

JARDIEL   Usted todo lo soluciona con sus quintacolum-
            nistas.

MIGUEL   (*Subiendo el tono.*) ¡En Madrid hay quintaco-
            lumnistas! Gente que no solo quiere quemar

periódicos, que quiere ver arder la ciudad entera. ¡La ciudad entera! Escúcheme, señor Jardiel, gente que informa a los golpistas. Gente que, bueno, gente que planea levantarse en armas en Madrid, y entregársela a los fascistas. Y Madrid no puede caer. ¡No puede! ¿Lo oye?

JARDIEL   ¿Caer?

MIGUEL   Madrid es el corazón de todos los españoles libres. Y si Madrid cae, se acabaría la esperanza. Y voy a hacer lo que sea necesario para que eso no ocurra.

JARDIEL   ¿Matar inocentes?

MIGUEL   Si es necesario...

JARDIEL   ¿Matarme a mí, comandante panadero?

MIGUEL   Lo que sea necesario.

JARDIEL   Pues estamos listos.

MIGUEL   Lo estamos.

(*Silencio.*)

JARDIEL   Tiene usted tanto miedo como yo.

MIGUEL   Lo tengo.

JARDIEL   La gente asustada es peligrosa.

MIGUEL   ¿Es usted quintacolumnista?

JARDIEL   ¡Qué tontería!

MIGUEL   ¿Lo es?

JARDIEL   No sé ni lo que quiere decir.

MIGUEL   Le he hecho una pregunta.

JARDIEL   No, no lo soy. Ni eso, ni fascista, ni comunista, ni monárquico, ni anarquista, ni socialista, ni nada. Yo no soy nada. Nada. Solo soy un idiota. Nada más. No he hablado con Rafael Salazar Alonso y no le he escondido en mi casa.

MIGUEL   Su padre es socialista.

JARDIEL   Mi padre es un excéntrico. (MIGUEL, *de pronto, estornuda.* JARDIEL *habla por un impulso involuntario, sin darse cuenta.*) Jesús.

              (*Hay un silencio.* MIGUEL *coge un pañuelo para limpiarse.*)

MIGUEL   Ya no decimos *Jesús*.

JARDIEL   ¿Qué?

MIGUEL   Cuando alguien estornuda, ya no decimos *Jesús*.

JARDIEL   Yo digo *Jesús*.

MIGUEL   Decimos *salud*.

JARDIEL   Yo, cuando alguien estornuda, digo *Jesús*. Y espero que me digan *gracias*.

(*Silencio.*)

MIGUEL   Gracias.

JARDIEL   Ya ve. Soy un revolucionario.

(*Silencio.*)

MIGUEL   No diga eso. No diga *Jesús*. Podría encontrarse con alguien menos comprensivo que yo, y, bueno, tener problemas.

JARDIEL   Usted no me parece comprensivo.

MIGUEL   Pues lo soy.

JARDIEL   No me lo parece.

MIGUEL   ¿Cree en Dios?

JARDIEL   A veces.

MIGUEL   ¿Qué veces?

JARDIEL   A veces. Ahora.

MIGUEL   ¿Por el miedo?

JARDIEL   Supongo, pero no se preocupe. No me hace mucho caso.

MIGUEL   No lo diga más. *Jesús*, no lo diga más.

JARDIEL   Soy así. No puedo evitarlo.

MIGUEL   ¿Por qué?

JARDIEL   ¿Por qué?

MIGUEL   ¿Por qué tiene que decir eso, esa palabra?

JARDIEL   ¿*Jesús*?

MIGUEL   ¿Por qué? ¿No prefiere evitarse problemas? ¿No puede decir *salud*?

JARDIEL   No.

MIGUEL   ¿Por qué?

JARDIEL   Porque nunca hago lo que me dicen.

MIGUEL   ¿Y si tuviese que decir *Jesús*?

JARDIEL   Entonces, diría *salud*.

MIGUEL   ¿Usted entiende, lo entiende, ¿lo puede entender?, que usted es el que más debería temer que lleguen los otros?

JARDIEL   Son ustedes los que me han metido aquí.

MIGUEL   Madrid es una ciudad sitiada.

JARDIEL   ¿Yo estoy aquí porque Madrid es una ciudad
             sitiada?

MIGUEL   (*Levantando un montón de papeles.*) ¡Está aquí
             porque hay más de una docena de denuncias
             contra usted! ¡Más de una docena!

JARDIEL   ¿De quién?

MIGUEL   ¿De quién?

JARDIEL   ¿Denuncias de quién?

MIGUEL   No es asunto suyo.

             (JARDIEL *se acerca a la mesa, perplejo.*)

JARDIEL   ¿No es...?

MIGUEL   No es asunto suyo.

JARDIEL   ¿Dice usted que no es asunto mío?

MIGUEL   No lo es.

JARDIEL   Las denuncias...

MIGUEL   Los denunciantes.

JARDIEL   Las denuncias que me han traído, ¡que me han
             traído hasta aquí!, no son...

MIGUEL   No son asunto suyo.

JARDIEL   (*Sin fuerza.*) ¿Y de quién son asunto, entonces?

MIGUEL   Mío.

JARDIEL   ¿Suyo?

MIGUEL   Mío.

JARDIEL   ¿Quién me ha denunciado?

MIGUEL   Personas.

JARDIEL   Deme nombres.

MIGUEL   No hay nombres. Lo importante es lo que yo opine de esas denuncias.

JARDIEL   Delatores anónimos. Cobardes.

MIGUEL   Puede ser.

JARDIEL   Dígame los nombres.

MIGUEL   ¿Por qué?

JARDIEL   Lo merezco.

MIGUEL   Yo decidiré qué merece usted.

JARDIEL   ¿No comprende que es una cuestión de envidias? Los que me han denunciado son colegas de profesión. ¡Colegas! Estoy completamente seguro. Si veo los nombres, le podré explicar qué tienen esas personas contra mí.

MIGUEL   Dígame usted esos nombres. Si los acierta, le dejo libre. En este mismo momento.

JARDIEL   ¿Y si fallo? (*Silencio.*) Me pide que corra un riesgo demasiado grande.

MIGUEL   (*Leyendo.*) Usted ha dicho que Madrid necesita orden, que alguien tiene que venir y poner orden.

JARDIEL   Y es verdad. ¿Usted no lo cree?

MIGUEL   ¿Los golpistas?

JARDIEL   ¿Los golpistas?

MIGUEL   ¿Esos militares rebeldes son las personas que tienen que venir a poner orden?

JARDIEL   ¿Eso dicen que he dicho?

MIGUEL   Entre otras cosas. ¿Son ellos los que tienen que venir a poner orden en Madrid con sus moros, sus violaciones y sus ejecuciones masivas?

JARDIEL   Yo he dicho que Madrid necesita orden. Nada más.

MIGUEL   Orden.

JARDIEL   Orden.

MIGUEL   Fascista.

JARDIEL   Orden.

MIGUEL   ¿Marxista, entonces?

JARDIEL   ¿Sabe cuál es el problema de la izquierda española?

MIGUEL   No lo sé. Dígamelo usted.

JARDIEL   Que se toma a sí misma demasiado en serio.

MIGUEL   ¿Y el de las derechas? ¿Cuál es el problema de las derechas?

JARDIEL   Que se toman demasiado en serio todo lo demás.

MIGUEL   Ese orden, ese orden del que habla, ¿de qué signo propone...?

JARDIEL   Todo el mundo habla de marxismo en Madrid. Todo el mundo. Y lo irónico, lo español, es que apenas nadie ha leído a Carlos Marx. Porque no hace falta leer a Marx, ni siquiera haberlo intentado; aquí no hace falta saber lo que es el marxismo; basta con serlo.

MIGUEL   ¿Usted lo ha leído?

JARDIEL   Claro que lo he leído. Yo soy escritor, comandante panadero, yo leo todo lo que puedo. ¿Lo ha leído usted?

MIGUEL   Lo he leído.

JARDIEL   ¿Y le ha entretenido?

MIGUEL   Me ha parecido farragoso y mal escrito.

JARDIEL   Tiene usted criterio.

MIGUEL   Pero creo en el fondo. Y mi nombre es Miguel, Miguel Puente. No *comandante panadero*. No intente denigrarme, señor Jardiel. No lo intente. Usted me entiende como un problema, cuando la verdad es que yo soy su única ventaja.

JARDIEL   Pues lo tengo muy negro.

MIGUEL   Mucho.

JARDIEL   Las denuncias...

MIGUEL   Por fascista.

JARDIEL   (*Levantándose.*) ¡Yo no soy fascista, señor Puente! Qué voy a ser yo fascista. A mí ya me quita demasiada energía el teatro como para ser fascista.

MIGUEL   ¿Y qué es usted, entonces? ¿Qué es, señor Jardiel?

JARDIEL   No lo sé.

MIGUEL   ¿No lo sabe?

JARDIEL   Eso he dicho.

MIGUEL   En este momento, en España, hay que ser algo.

JARDIEL   Entonces, soy un hombre. Un hombre pequeño.

MIGUEL   No es bastante.

JARDIEL   Es lo que hay.

MIGUEL   ¿Apunto eso? ¿Quiere usted que yo apunte eso en su declaración? ¿Quiere?

JARDIEL   Apunte lo que le dé la gana, comandante panadero. De mí no va a sacar nada más.

MIGUEL   Usted no entiende lo que... bueno, lo que va a pasar esta noche.

JARDIEL   Es que nadie me lo explica.

MIGUEL   ¿Nadie...?

JARDIEL   Nadie me lo explica.

MIGUEL Yo se lo he explicado.

JARDIEL Usted no me ha explicado nada.

MIGUEL Lo he hecho, pero usted no quiere comprender. (MIGUEL *le observa un segundo.*) ¿Usted no ve...? Escúcheme, señor Jardiel, ¿usted no ve que yo intento salvarle?

JARDIEL ¿De sus amigos?

MIGUEL De convertirse en una víctima.

JARDIEL Me han traído aquí. Ya lo soy.

MIGUEL Usted dice eso justo porque aún no es una víctima.

JARDIEL ¿Aún?

(JARDIEL *se sienta.*)

MIGUEL Claro que *aún.* ¡Por supuesto que *aún*! *Aún*, señor Jardiel. Como están las cosas, tarde o temprano, todos vamos a convertirnos en víctimas. De un lado o de otro.

JARDIEL ¿Y usted me quiere salvar?

MIGUEL De usted mismo.

JARDIEL ¿Me quiere salvar?

MIGUEL   De que cometa un error.

JARDIEL   ¿Qué error?

MIGUEL   Usted corre el peligro de equivocarse... de equi-
              vocarse, bueno, de bando.

JARDIEL   Me gusta equivocarme.

MIGUEL   Lo hace todo muy difícil.

JARDIEL   Es una costumbre.

MIGUEL   Peligrosa.

JARDIEL   Imagino.

MIGUEL   No, no imagina. (MIGUEL *sale de detrás de su
              mesa, llevando la silla en la mano, y se sienta al
              lado de* JARDIEL, *mirándole a los ojos.*) Entien-
              da mi posición.

JARDIEL   ¿Su posición?

MIGUEL   Mi posición.

JARDIEL   Su posición de carcelero.

MIGUEL   De investigador.

JARDIEL   ¿Y qué investiga?

MIGUEL   A usted.

JARDIEL   A mí.

MIGUEL   Usted ha podido esconder en su casa a un falangista. A un enemigo de la República.

JARDIEL   Pero no lo he hecho.

MIGUEL   ¿No lo ha hecho?

JARDIEL   No lo he hecho.

MIGUEL   ¿Y yo cómo lo sé?

JARDIEL   Le he dado mi palabra.

MIGUEL   No me sirve.

JARDIEL   Siento que no le sirva. Es lo que tengo.

MIGUEL   Escúcheme, yo puedo, verá, yo puedo conseguir información sobre usted de muchas maneras. (*Silencio.*) De muchas maneras distintas. Yo podría investigar a sus amigos. Traerlos aquí. Como ha ocurrido con usted. Hablar con ellos. Ver qué tienen que decir sobre usted. Puedo, escúcheme bien, señor Jardiel, puedo mandar a algunos hombres para que registren su casa. Puedo hacer que traigan aquí a su compañera, que la interroguen, que le hagan preguntas, como a usted, en las mismas condiciones. Podemos dejarle libre a usted y hacerle las preguntas a ella. Tiempo es lo que nos sobra. Llegado el caso, su hija también podría terminar aquí...

JARDIEL   ¡Es una niña, por el amor de Dios!

MIGUEL   Eso a ellos no les frena. Podemos traerlas aquí. A las dos. No tengo más que dar la orden. (JAR-DIEL *intenta hablar, pero* MIGUEL *le detiene con un ademán de la mano.*) Sí, sí, sí, puedo hacerlo. No se confunda. Claro que puedo hacerlo. Y lo haré.

JARDIEL   Es usted un salvaje.

MIGUEL   No sabe lo que está en juego ahora mismo en esta ciudad. No lo sabe, señor Jardiel. Y me temo que es mi obligación hacer que lo comprenda.

JARDIEL   ¿Qué quiere de mí?

(MIGUEL *coge la silla y vuelve a su sitio. Revisa los papeles que tenía encima de la mesa, antes de volver a hablar.*)

MIGUEL   No ha escondido usted a Rafael Salazar Alonso.

JARDIEL   Eso llevo diciendo toda la noche.

MIGUEL   Explíqueme qué piensa usted, en qué cree...

JARDIEL   ¿En qué bando estoy?

MIGUEL   Para que yo pueda ayudarle.

JARDIEL   Cada vez me carga más su manía de ayudar-me. (*Silencio.*) España es un país de bandos.

MIGUEL   Lo es.

JARDIEL   Siempre lo ha sido. Y a mí no me interesan. No soy un hombre de *izquierdas* o de *derechas*. Me gustan las ideas de los dos bandos. Mi pensar está hecho de la mezcla de las dos. (*Animándose al hablar.*) Por poner un ejemplo...

MIGUEL   ¿Un ejemplo?

JARDIEL   Sí, un ejemplo.

MIGUEL   No sé si es momento de ejemplos...

JARDIEL   Por ponerle un ejemplo a usted, para que me comprenda. Un ejemplo para que pueda comprenderme. Para eso estamos hablando, ¿no? Amo el respeto histórico y reverencial de la tradición de las *derechas*; y amo también el sentido *porvenirista* y reverencial del progreso y la libertad de las *izquierdas*. Soy la mezcla de esas dos ideologías.

MIGUEL   ¿Entiende que usted va a tener problemas gane quien gane?

JARDIEL   Depende del sentido de la justicia.

MIGUEL   ¿De quién?

JARDIEL   De los vencedores.

MIGUEL   Los vencedores nunca son justos con los vencidos.

JARDIEL   Esperemos que esta vez, sí. Por lo que nos va a los dos.

MIGUEL   Es usted un idealista, señor Jardiel.

JARDIEL   Lo siento, supongo. (*Silencio.*) Esa es mi opinión.

MIGUEL   Esa no es la opinión de nadie.

JARDIEL   Pues no tengo otra.

MIGUEL   Me equivocaba. Me equivocaba con usted. Es algo peor que un idealista; es un ecléctico. Y eso, ahora, no se perdona.

JARDIEL   Un hombre fanático de partido jamás podrá ser un artista. Y yo no sé hacer otra cosa. Tengo que comer. (MIGUEL *escribe en un papel.* JARDIEL *se inquieta.*) ¿Qué escribe? (MIGUEL *levanta la cara del papel y le observa.*) ¿Escribe sobre mí? (*Silencio.*) ¿Escribe lo que he dicho? ¿Lo escribe?

(*Silencio.*)

MIGUEL   Debería.

JARDIEL   ¿Está escribiendo lo que le he dicho en un momento, en un estúpido momento de confianza, de sinceridad? ¿Es eso lo que está escribiendo? ¿Me van a ejecutar por ser un ecléctico?

MIGUEL   Estoy escribiendo nota para que nos traigan algo de comer. No se mueva de aquí.

JARDIEL   ¿A dónde voy a ir? (MIGUEL, *llevándose el papel y su carpeta, hace mutis.* JARDIEL, *en ese momento, se derrumba. Se angustia. Se levanta. Mira los papeles que quedan en la mesa, buscando alguna pista. Los revuelve. No encuentra nada. Se desespera. Da un golpe en la mesa. Coge la silla, la va a estampar contra el suelo. La tira en un rincón. Vuelve a la mesa. Estruja los papeles con las manos y los rompe en pedazos, frustrado.* MIGUEL *regresa, trae café y unos bollos, además de su carpeta, y se queda observándole.* JARDIEL, *lentamente, se recompone. De pronto,* JARDIEL *se da cuenta de que* MIGUEL *está en el foro, observándole. Silencio.* JARDIEL *se aparta de la mesa, peinándose con la mano. Levanta del suelo la silla que tiró.*) Estaba buscando papel.

MIGUEL   Papel.

JARDIEL   Para escribir.

MIGUEL   (*Avanzando.*) ¿Una comedia?

JARDIEL   Una nota.

MIGUEL   Una nota.

JARDIEL   A mi mujer.

            (*Silencio.*)

MIGUEL   He traído café.

JARDIEL   Para asegurarle que estoy bien y que no tiene
            nada que temer.

MIGUEL   Y bollos.

JARDIEL   ¿Los ha hecho usted?

            (MIGUEL *pone el café en la mesa, y le pasa un
            trozo de papel a* JARDIEL *y un lápiz pequeño y
            gastado.*)

MIGUEL   Escriba.

JARDIEL   ¿Se la harán llegar?

MIGUEL   ¿Quiere café?

JARDIEL   Sí, por favor. (JARDIEL *comienza a escribir, pero
            duda, mientras* MIGUEL *sirve.*) ¿Qué le digo?

MIGUEL   No lo sé. Lo que usted crea.

JARDIEL   ¿Me despido?

(*Silencio.*)

MIGUEL   De momento, dígale que está usted bien.

JARDIEL   ¿Nada más?

MIGUEL   Ahora mismo está usted bien.

JARDIEL   ¿Ahora mismo?

MIGUEL   De momento.

JARDIEL   No es mucho consuelo.

MIGUEL   Es el que hay.

(JARDIEL *duda un segundo. Escribe rápidamente y le pasa el papel doblado a* MIGUEL. MIGUEL *lo abre y lo lee. Hace mutis a buen paso.* JARDIEL *se bebe la taza de un trago y, con rapidez, se sirve más. Le tiemblan las manos.* MIGUEL *sale a escena de nuevo.*)

JARDIEL   Gracias.

MIGUEL   ¿Por?

JARDIEL   El mensaje. Mi... ella lo agradecerá.

(MIGUEL *se sienta.*)

MIGUEL   ¿No se han casado?

JARDIEL   Ya le he dicho que no.

MIGUEL   ¿Puedo preguntarle por qué?

JARDIEL   ¿Quiere volver a amenazarla?

MIGUEL   Es una pregunta inocente.

JARDIEL   Mi hija también es inocente. Y eso no le ha detenido antes.

MIGUEL   Es solo una pregunta.

JARDIEL   ¿Parte del interrogatorio?

MIGUEL   ¿Prefiere que volvamos al interrogatorio?

JARDIEL   ¿Se ha cansado?

MIGUEL   Es un trabajo.

JARDIEL   ¿Un trabajo?

MIGUEL   Ni me canso ni me dejo de cansar. Simplemente lo hago.

JARDIEL   ¡Menudo trabajo! Muy distinto de hacer pan, supongo. (MIGUEL *solo le mira con seriedad, en silencio.*) Nunca hemos sentido la necesidad. De casarnos. Nunca nos ha parecido importante. Usted quería saber por qué no nos habíamos casado.

MIGUEL   ¿Ninguno de los dos?

JARDIEL   Ninguno.

MIGUEL   Dicen por ahí que usted se ve con actrices.

JARDIEL   ¿Ahora le interesa mi vida sentimental?

MIGUEL   Me crea curiosidad.

JARDIEL   ¿Quién lo dice?

MIGUEL   Gente.

JARDIEL   Como las denuncias. (*Silencio.*) Me veo con actrices. También con cantantes. Depende del momento.

MIGUEL   ¿Y a ella le parece bien?

JARDIEL   ¿A quién?

MIGUEL   A ella. A su compañera.

JARDIEL   ¿Por qué había de parecerle mal?

MIGUEL   ¿Celos?

JARDIEL   Es un temperamento excepcional.

MIGUEL   ¿Los temperamentos excepcionales no tienen celos?

JARDIEL   Los celos son vulgares.

MIGUEL   ¿Usted es celoso?

JARDIEL   Yo soy un ser vulgar.

MIGUEL   ¿Por eso escribe?

JARDIEL   Si mi vida fuese excepcional, no tendría la necesidad de inventar.

MIGUEL   Tiene suerte. Por su compañera, quiero decir.

JARDIEL   Lo sé. ¿Podemos dejarla al margen de esto?

MIGUEL   Solo estamos charlando.

JARDIEL   ¿Podemos dejarla al margen?

MIGUEL   Es una mujer adelantada a su época.

JARDIEL   Se lo pido *por favor*.

             (*Silencio.*)

MIGUEL   No les va a gustar.

JARDIEL   ¿A quiénes no les va a gustar?

MIGUEL   A ellos no les va a gustar.

JARDIEL   ¿El qué?

MIGUEL   El carácter de su compañera. No le entiendo, señor Jardiel.

JARDIEL   Entiendo que no me entienda. Hay días en los que yo mismo no me entiendo.

          (MIGUEL *se levanta y se sienta en la mesa, para estar más cerca de* JARDIEL.)

MIGUEL   Pero, ¿usted no comprende que su forma de vida, su forma de escribir, todo lo que es usted al fin y al cabo, tiene más que ver con nosotros que con ellos?

JARDIEL   Yo no tengo nada que ver con ellos ni con ustedes.

MIGUEL   ¿Y con quién tiene que ver?

JARDIEL   ¿Se lo digo?

MIGUEL   Sí, dígamelo, ¡dígamelo de una vez! Dígamelo de una vez para que podamos acabar con esto.

JARDIEL   Si es para acabar con *esto*, descuide, se lo digo. Tengo que ver con los que tienen que ver conmigo.

MIGUEL   (*Cansado.*) ¿Y quiénes son esos, por favor?

JARDIEL   Los que leen las cosas que leo yo, los que vibran con las cosas que me hacen vibrar a mí, los que respetan, sienten y aman. Tengo que ver, por ejemplo, comandante panadero, con las personas a las que les gustan los perros.

MIGUEL   Esa ambigüedad le traerá problemas.

JARDIEL   De momento tengo derecho a ser ambiguo, ¿o eso también les parece mal a ustedes?

MIGUEL   Si ellos llegan...

JARDIEL   Cuando ellos lleguen.

MIGUEL   ¿Tan seguro está?

JARDIEL   Escucho la radio.

MIGUEL   La radio no dice nada.

JARDIEL   Por eso imagino que las cosas no les van bien a ustedes.

MIGUEL   Esto no ha hecho más que empezar.

JARDIEL   Es su opinión. Yo estoy seguro de que no ha de durar.

MIGUEL   Si ellos llegan, usted no va a poder seguir siendo quien cree ser. Los que son de su pasta van a ser los que ellos consideren sus principales enemigos. Le van a odiar, señor Jardiel, le van a perseguir...

JARDIEL   Y a usted, en cambio, sí le gusto. ¡Qué suerte la mía!

MIGUEL   Yo le respeto.

JARDIEL   Pues deje que me vaya. (*Silencio.*) Entiendo que hemos vuelto al interrogatorio.

MIGUEL   Eso parece.

JARDIEL   Estaba disfrutando de la entrevista.

MIGUEL   Usted se lo toma todo a broma, señor Jardiel. (MIGUEL, *brusco, regresa a su silla.*) ¡No entiende la situación! ¡Se niega a comprender la situación! Es un hombre culto, inteligente...

JARDIEL   Gracias.

MIGUEL   ¡Y no quiere comprender! ¡No le da la gana de comprender!

JARDIEL   ¿Sabe lo que comprendo perfectamente? Que yo no debería estar aquí.

MIGUEL   Hay denuncias, señor Jardiel. ¡Hay denuncias interpuestas por gente que le conoce, por gente que habla con usted! ¡Gente que sabe que usted se reúne con fascistas, con los mismos fascistas que quieren entregar la República a...!

JARDIEL   ¡Estoy harto de sus denuncias! ¡Estoy harto, ¿me oye?! (*Gritando.*) ¡Yo no soy fascista!

MIGUEL   No se deja ayudar.

JARDIEL   ¿Denuncias? ¿Denuncias de quién, de cobardes que no se atreven a dar la cara? Tengo amigos, amigos que eran buenas personas, ¡intelectuales!, que han terminado asesinados. ¡Asesinados! Yo estuve buscando a mi amigo... a un amigo...

MIGUEL   ¿Qué amigo?

JARDIEL   ¿Para que lo utilice después contra mí? ¿Para que utilice su nombre en mi contra? No se lo digo. ¡No se lo digo! Un hombre bueno, amante de la ley y de la libertad. ¡Director de un periódico! ¡De uno de esos periódicos que a usted no le gustan, que a los suyos no les gustan! Yo terminé buscando a mi amigo en los depósitos. A mí no me engaña. Yo he visto los cadáveres apilados, los ríos de sangre, y a los milicianos riendo, comandante panadero. ¡Riéndose de los muertos! ¡Yo he visto su libertad, su fraternidad y su igualdad, y me dan asco! ¿Lo oye? ¡Asco!

MIGUEL   No es el tono.

JARDIEL   ¿Qué tono? ¿Qué dice?

MIGUEL   No es el tono con el que usted debería hablarme. Solo se lo digo. Nada más. Por el momento. (*Silencio.* JARDIEL *se peina con la mano, en un acto reflejo.*) En el Sur, en las zonas nacionales, no hay periódicos que no escriban en apoyo de los golpistas...

JARDIEL   Y aquí...

MIGUEL   (*Brusco.*) ¡Cállese! ¡Cállese de una vez y escuche! En las zonas fascistas se asesina y se viola pueblo por pueblo, casa por casa. Los moros llevan orejas de milicianos colgando de los cinturones. Se ejecuta, sin juicio previo, a todo militar que declare su lealtad a la República. A usted no le gustará, pero es el gobierno que votamos todos. El gobierno legítimo. A una miliciana, a una chica de menos de quince años, la violaron y la ataron a un árbol con alambre de espino... dejaron que muriese al sol. A dos muchachas las asesinaron por coser una bandera republicana; a una anciana, por hacerle unos huevos fritos a un capitán leal; a un maestro, por enseñar la teoría de la evolución, le torearon y le clavaron banderillas, hasta que murió reventado... Cada día, los que se pasan a nuestra zona, traen informes, historias, iguales. Siempre iguales. Historias de asesinatos, torturas y violaciones. ¿Qué quiere que le diga? Nosotros hemos cometido errores, muchos, algunos vergonzosos, pero aquí hay legalidad. ¡En Madrid hay legalidad! Todo lo que queda detrás de nuestras líneas es oscuridad.

JARDIEL   Yo estoy en esta ciudad, comandante panadero, permítame que odie a los bárbaros de aquí.

Cuando me presenten a los bárbaros de la otra zona, ya haré por odiarles.

MIGUEL   ¡Con usted no hay forma, no hay manera! ¡No entiende! ¡No quiere entender!

JARDIEL   ¿Porque no pienso como usted?

MIGUEL   Porque no le interesa ver lo que se nos viene encima. ¿Y todo por un coche? ¿De verdad su odio, su desprecio, vienen por un coche?

JARDIEL   Mi coche. Y no, no tiene que ver con nada de eso. Influye más mi amigo muerto, por ejemplo.

(*Silencio.*)

MIGUEL   ¿Cómo se llamaba su amigo?

JARDIEL   Ya le he dicho que no se lo pienso decir.

MIGUEL   Podría mirar en los registros.

JARDIEL   O acusarme de confraternizar con el enemigo. No me arriesgo. No confío en usted.

MIGUEL   Estamos hablando. Usted está vivo. (JARDIEL *se ríe.*) Siempre con la risa a cuestas, señor Jardiel.

JARDIEL   Una mala costumbre que no se me va. ¿Es eso lo que va a pasarme a mí? ¿Me van a asesinar por unas denuncias que nadie ha contrastado?

MIGUEL   ¿En serio usted piensa que es mejor la otra opción?

JARDIEL   ¿Cuál?

MIGUEL   La de los golpistas.

JARDIEL   ¿Y qué más da lo que yo piense?

MIGUEL   Le he preguntado su opinión.

JARDIEL   ¿Por qué le importa mi opinión?

MIGUEL   Intento...

JARDIEL   ¿Qué le importa a usted...?

MIGUEL   Yo intento...

JARDIEL   ¿...mi opinión?

MIGUEL   Intento saber quién es Enrique Jardiel Poncela.

JARDIEL   ¡Intenta saber de qué lado estoy!

MIGUEL   ¿Y de qué lado está usted?

JARDIEL   Ya se lo he dicho. De ninguno.

MIGUEL   ¿Escondió a Rafael Salazar Alonso en su casa?

JARDIEL   Estoy cansado de decirle que no. ¡Llevamos toda la noche igual!

(JARDIEL *se pone de pie.*)

MIGUEL   ¿Estuvo en su casa...?

JARDIEL   ¡No conozco a ese señor!

MIGUEL   ¿En su casa...?

JARDIEL   ¡Me está volviendo loco! ¡Cambie ya las preguntas! ¡Un poquito de imaginación, por Dios!

MIGUEL   ¡Aquí no hablamos de Dios!

JARDIEL   Siempre hablamos de Dios.

MIGUEL   Ya no.

JARDIEL   Eso dicen ustedes. (JARDIEL *se deja caer, abatido.*) No, no estuvo en mi casa. No, no he hablado con él. No, no le he ayudado en mi vida. Y sí, conozco gente de muy diversas creencias e ideologías. Y sí, no me gusta lo que ustedes están haciendo en Madrid. No me gusta nada.

MIGUEL   Le tenemos. (*Silencio.*) Le tenemos. (*Silencio.*) Le hemos cogido. Cuando he salido antes a entregar su nota me lo han dicho.

JARDIEL   ¿Se lo han dicho?

MIGUEL   Me lo han comunicado.

JARDIEL   ¿A... a él...?

MIGUEL   A Rafael Salazar Alonso. Le hemos cogido cuando intentaba escapar.

JARDIEL   ¿Del país?

MIGUEL   De España.

JARDIEL   Ahora España es algo muy relativo.

MIGUEL   España solo hay una.

JARDIEL   Es lo mismo que dicen ellos. En el fondo, se parecen.

MIGUEL   Le tenemos. Está aquí al lado, señor Jardiel. En otra habitación.

JARDIEL   En otra celda.

MIGUEL   Esto no es una celda.

JARDIEL   A mí me lo parece.

MIGUEL   ¡Cómo se nota que usted no ha estado nunca en una celda!

JARDIEL   No se puede salir.

MIGUEL   En España ahora hay muchos sitios de los que no se puede salir, y no todos son celdas.

JARDIEL   ¿Qué va a pasar ahora?

MIGUEL   Depende de usted.

JARDIEL   ¿Le van a torturar?

MIGUEL   ¿Le importa?

JARDIEL   Claro que me importa.

MIGUEL   Porque le conoce.

JARDIEL   No diga tonterías. Ya le he dicho que jamás he hablado con ese señor.

MIGUEL   Humanidad, entonces.

JARDIEL   Inteligencia. (*Silencio.*) Cualquiera dice lo que sea bajo tortura. Yo mismo lo diría. No soy un hombre fuerte. Todos diríamos cualquier cosa bajo tortura. No sé qué salvajadas harán aquí, pero si usted —u otro como usted— me pega lo suficiente, estoy seguro de declarar que mi verdadero nombre es Santa Teresa de Jesús y resultar convincente. La tortura nos suelta la lengua y la imaginación. ¡A usted también, comandante panadero!

MIGUEL   No le hemos torturado, señor Jardiel.

JARDIEL   Hay muchos tipos de tortura.

MIGUEL   Su amigo está en...

JARDIEL   ¡No es mi amigo!

(*Silencio.*)

MIGUEL   Rafael Salazar Alonso está en el cuarto de al lado. Si le hiciésemos algo, usted oiría los gritos.

JARDIEL   Menudo consuelo.

MIGUEL   ¿Va a confirmar que ustedes no se conocen?

JARDIEL   No lo sé. Pregúnteselo a él.

MIGUEL   Se lo pregunto a usted.

JARDIEL   Soy un hombre inteligente, pero no puedo hablar con sentido sobre lo que Rafael Salazar Alonso vaya a decir o dejar de decir bajo tortura. Supongo que tendrá que ver con el grado de crueldad que estén dispuestos a emplear sus colegas, los otros panaderos, durante el interrogatorio.

MIGUEL   ¿Usted no ve que si él da su nombre, que si dice que se conocen...? ¿Usted no se da cuenta de que con eso, solo con eso bastaría para...?

JARDIEL   Lo prefiero. Prefiero eso a que vayan a traer aquí a mi compañera, o a mi hija, como usted se ha atrevido a decir antes.

MIGUEL   Pero, señor Jardiel, sea razonable.

JARDIEL   Alguna vez lo he intentado, pero no se me da bien.

MIGUEL   Si él, si él dijese... si él confesase... usted estaría perdido.

JARDIEL   Yo no conozco a ese señor. No puedo decirle más.

MIGUEL   ¿Por qué?

JARDIEL   Porque es la verdad.

MIGUEL   Me basta con que él diga, con que él insinúe, que usted miente para poder mandarle fusilar.

JARDIEL   Se acabaron las sutilezas.

MIGUEL   Dígame algo, cualquier cosa, en la que yo pueda apoyarme, ¡cualquier cosa que me haga creerle!

JARDIEL   Vale. (*Silencio.*) De acuerdo. (*Silencio.*) Le diré una cosa.

MIGUEL   (*Atento.*) Le escucho.

JARDIEL   (*Gritando.*) ¡Yo no he cruzado palabra en la vida con Rafael Salazar Alonso!

(MIGUEL *da un golpe en la mesa, con fuerza, y* JARDIEL *se sobresalta.*)

MIGUEL   ¿Usted no entiende que quiero ayudarle?

JARDIEL   Pues lo hace muy mal.

(*Silencio.*)

MIGUEL   ¿Quiere un bollo? (*Silencio.*) Se van a poner duros.

JARDIEL   No tengo el estómago para comer.

MIGUEL   Es una pena desperdiciarlos.

JARDIEL   ¿Por qué no me deja a mí en paz y habla con el señor Salazar Alonso de una vez? El suyo es el único testimonio que puede realmente salvarme o condenarme. (*Silencio.*) Sinceramente, hablar con usted me desespera.

MIGUEL   Es por el interrogatorio.

JARDIEL   ¿Qué?

MIGUEL   Por el interrogatorio.

JARDIEL   ¿Qué dice?

MIGUEL   Repetimos las mismas preguntas para coger
            en un renuncio al interrogado. Es una técni-
            ca. Da buenos resultados.

JARDIEL   ¿Se la han enseñado los rusos?

MIGUEL   Igual que a los otros les enseñan los alemanes.

JARDIEL   ¿Y por qué me cuenta todo esto?

            (*Silencio.*)

MIGUEL   Puedo...

JARDIEL   ¿Puede?

MIGUEL   Puedo intentar descubrir qué ha sido de su
            coche.

JARDIEL   ¿Usted?

MIGUEL   Puedo intentarlo.

            (JARDIEL *se ríe y* MIGUEL *se ríe también.*)

JARDIEL   Se lo agradecería.

MIGUEL   ¿Por qué le importa tanto ese coche?

JARDIEL   No les odio por el coche. Ya se lo he dicho.

MIGUEL   Ya, pero, ¿por qué le importa a usted tanto?
            No parece un materialista, señor Jardiel.

JARDIEL   Porque es mío y me lo han quitado.

MIGUEL   Le han traído aquí...

JARDIEL   Me han traído aquí.

MIGUEL   En mitad de la noche.

JARDIEL   Con violencia.

MIGUEL   Hombre, con violencia...

JARDIEL   Me han sacado de mi casa a punta de pistola.

MIGUEL   Bueno, con un poco de violencia.

JARDIEL   A mí me ha parecido bastante violencia. Supongo que depende del lado de la pistola en el que te encuentras.

MIGUEL   Pero usted lo primero que ha hecho es preguntar por su coche.

JARDIEL   Habrá sido por los nervios.

MIGUEL   Está aguantando muy bien el tipo.

JARDIEL   Gracias.

MIGUEL   Es de justicia.

JARDIEL   Ese coche...

(*Silencio.*)

MIGUEL   Hable. (*Silencio.*) Puede hablar con tranquilidad.

JARDIEL   ¿Le están diciendo lo mismo en la celda de al lado al señor Salazar Alonso?

(MIGUEL *le sirve café.*)

MIGUEL   Dos hombres tomando café, mientras esperan.

JARDIEL   ¿Nada más?

MIGUEL   Por el momento.

JARDIEL   Ese coche... (*Se ríe.*) Bueno, ese coche es un símbolo de mi trabajo, de lo que he podido conseguir con mi trabajo. ¡Con mi inteligencia y mi humor! Ese coche, ese coche es un Ford. Lo compré a la vuelta de mi viaje a Estados Unidos. Cuando volví me lo compré. Así que sus amigos no solo me quitaron un coche. Me robaron el símbolo de mi trabajo, de mi éxito. Se lo conté a... (*Silencio.*) A... bueno, a mi compañera... y le dije que daba igual, porque ellos lo habían conseguido con la fuerza bruta, y que yo podría tener otro, pero logrado con trabajo duro y esfuerzo.

MIGUEL   ¿Y no es verdad?

JARDIEL   Sí, sí, lo es, lo es. Claro que lo es. Pero me callé... bueno, me callé que tuve miedo. Cuando vi que solo se querían llevar el coche, que a mí no me iban a hacer nada, sentí alivio. Y les odié por convertirme en un cobarde.

MIGUEL   Usted es humano, señor Jardiel. Nada más.

JARDIEL   Puede ser.

MIGUEL   ¿Ha pensado en volver a América?

JARDIEL   No.

MIGUEL   Las cosas van a empeorar por aquí.

JARDIEL   No me gustó aquello.

MIGUEL   ¿Por qué?

JARDIEL   Todo es un negocio. No hay sentimientos. Todo se compra y se vende. No hay arte, no hay belleza. Es una sociedad de niños caprichosos con demasiado dinero. América es una broma de mal gusto. Todo lo pervierte.

MIGUEL   Algo bueno tendrá, vamos, digo yo.

JARDIEL   Los trenes, que son muy largos. Hágame caso, Estados Unidos no es buen lugar para un artista. Se te muere el alma. Es como la oficina central del mundo.

MIGUEL   ¿Y las mujeres?

JARDIEL   Las hay.

MIGUEL   ¿Y cómo son?

JARDIEL   Rubias en su mayoría.

MIGUEL   ¿Le puedo hacer una pregunta...?

JARDIEL   Ya me ha hecho varias.

MIGUEL   Una pregunta... bueno, una pregunta que... (*Silencio.*) Una pregunta que no tiene que ver con su caso.

JARDIEL   Si no tiene que ver con las denuncias, por supuesto.

MIGUEL   Usted... Allí... ¿Conoció a alguna estrella?

JARDIEL   A alguna.

MIGUEL   Dígame una.

JARDIEL   ¿Una?

MIGUEL   Una importante.

JARDIEL   Conocí... bueno... conocí... (*Sonriendo.*) A la más grande de todas.

(MIGUEL *se levanta y coge su silla. La lleva junto a* JARDIEL, *apresuradamente, y se sienta cerca de él.*)

MIGUEL   Diga, cuente...

JARDIEL   A Charlie Chaplin.

MIGUEL   ¿A Charlot?

JARDIEL   Le conocí.

MIGUEL   ¿Usted le conoció?

JARDIEL   ¡Cené con él!

MIGUEL   ¡Cuénteme, cuénteme! ¿Y cómo era?

JARDIEL   ¡Cómo es, que aún vive!

MIGUEL   ¿Cómo es, diga?

JARDIEL   Bajito.

MIGUEL   ¿Nada más?

JARDIEL   Brillante.

MIGUEL   ¿Nada más?

JARDIEL   ¿Qué más quiere usted, comandante panadero?

MIGUEL   No lo sé. Cuénteme cosas. Detalles. ¿Qué le dijo? ¿Hablaron mucho rato?

JARDIEL   Hablamos en inglés.

MIGUEL   ¿Y eso qué significa?

JARDIEL   Que nos entendimos, pero más por la sensibilidad que por el idioma. Es un perfeccionista. La cumbre del humor inteligente. Un hombre excepcional. Coincidimos en muchas cosas. En cómo ha de prepararse una situación cómica, en que el autor... Yo siempre he pensado... A usted todo esto le dará igual...

MIGUEL   No, no, no. Al contrario. Por fin dice algo con sentido.

JARDIEL   He dicho muchas cosas con sentido.

MIGUEL   Pero esta no le pone en posición de ser fusilado. Cuente, cuente...

JARDIEL   (*Echándose hacia delante.*) Bueno, yo siempre he estado convencido de que para que alguien pueda considerarse autor total de una película tiene que, bueno, que aunar en su persona, al menos, la responsabilidad del texto, de la dirección, del decorado y del montaje. ¡Y él opina igual que yo! ¡Exactamente lo mismo que yo! Coincidimos en muchas cosas.

MIGUEL   ¡Tiene una forma de andar...!

JARDIEL　　La forma de andar es lo de menos.

MIGUEL　　Yo me mondo cuando le veo.

JARDIEL　　Está usted en su derecho, pero es lo de menos.

MIGUEL　　¿Y qué es lo gracioso, según usted?

JARDIEL　　Gracioso lo es todo.

MIGUEL　　Pues entonces.

JARDIEL　　¡Pero el hallazgo...!

MIGUEL　　¿El hallazgo?

JARDIEL　　¡El hallazgo! ¡Es el vagabundo, lo que conquista! ¡El perdedor! Él ha creado un nuevo tipo de héroe, ¡un héroe que no se queda con la chica ni con el dinero ni con el éxito! ¡Un héroe que fracasa! ¡Un héroe que lo da todo y no recibe nada a cambio! Chaplin es un hombre desafortunado.

MIGUEL　　¡Pero es una estrella! ¡Millonario!

JARDIEL　　El dinero no lo es todo.

MIGUEL　　Eso le dicen los ricos a los pobres.

JARDIEL　　El dinero es un medio.

MIGUEL　　¿Y qué importa, entonces?

JARDIEL   El amor.

MIGUEL   ¿Y Chaplin...?

JARDIEL   Cuando lo encuentre, cuando sea feliz de verdad, ya no podrá ser más ese vagabundo, ese desgraciado. Entonces, se terminará su éxito. Ya verá. Hágame caso. El humor de Chaplin surge del dolor, del corazón que pide socorro. Por eso siempre fracasa en sus películas... Es un desgraciado simpático. El humor de Chaplin es español...

MIGUEL   Espere, pare, pare... ¿No es americano?

JARDIEL   Es inglés.

MIGUEL   Para el caso.

JARDIEL   Pero eso que él hace, esa heroicidad sin recompensa, es tan española... Todo lo hemos tenido... ¡Todo! Y todo lo hemos perdido. Ser español es acostumbrarse a perder, sin dejar de reír. Chaplin entiende España mucho mejor que los españoles. Es un genio.

MIGUEL   Usted le admira.

JARDIEL   Mucho.

MIGUEL   ¿Como escritor?

JARDIEL   Es cineasta. Y sí, claro que le admiro como artista. Se lo estoy diciendo.

MIGUEL   ¿Y como persona?

JARDIEL   Por supuesto. Es mi amigo.

MIGUEL   Es comunista.

JARDIEL   ¿Comunista?

MIGUEL   Dicen que es comunista.

JARDIEL   ¿Por qué saca eso ahora?

MIGUEL   Es un dato.

JARDIEL   ¿Por qué lo saca?

MIGUEL   Un dato relevante.

JARDIEL   ¿Relevante para quién?

MIGUEL   Para lo que estamos hablando.

JARDIEL   ¿Por qué tiene que decir eso ahora?

MIGUEL   Usted le admira.

JARDIEL   Le admiro. Claro que le admiro.

MIGUEL   Y es comunista.

JARDIEL   Bueno, pues eso debería gustarle a usted.

MIGUEL   Algo bueno tiene, entonces, el comunismo.

JARDIEL   ¿Qué está haciendo? ¿Qué cree que está ha-
            ciendo?

MIGUEL   Hablar.

JARDIEL   Interrogar.

MIGUEL   Señor Jardiel, no se ponga...

            (JARDIEL *se pone en pie, furioso.*)

JARDIEL   Nada de *señor* Jardiel. ¡Estoy harto de su *se-
            ñor* Jardiel! Sé cómo lo dice, sé en qué tono lo
            dice, ¡y no me gusta!

MIGUEL   ¿Prefiere Enrique?

JARDIEL   ¡Me ha engañado!

MIGUEL   Solo he hablado con usted.

JARDIEL   ¡Ha intentado engañarme!

MIGUEL   Intento ayudarle.

JARDIEL   Se ha aprovechado de mi confianza.

MIGUEL   Ya le he dicho...

JARDIEL   Me ha dejado compartir...

MIGUEL   Que yo solo quiero ayudarle.

JARDIEL   Un recuerdo íntimo, un recuerdo íntimo y querido. Y me ha dejado compartirlo con usted. ¿Para qué? ¿Para ahora decir que yo soy comunista? ¿Como mi amigo? ¿Con qué objeto? ¿Para utilizarme? ¿Para hacer creer al mundo que soy de los suyos?

MIGUEL   Cálmese.

JARDIEL   ¿Para eso?

MIGUEL   ¡Cálmese, señor Jardiel!

JARDIEL   ¡Mi intimidad, se aprovecha de mi intimidad para usarme como propaganda de su partido, de su República, de sus asesinatos...!

MIGUEL   (*Poniéndose en pie.*) ¡He dicho que se calme!

JARDIEL   ¿Es todo un engaño? ¿Las acusaciones? ¿Rafael Salazar Alonso? ¿Es todo un engaño para asustarme y hacerme apoyar algo en lo que no creo? ¿En lo que jamás creeré? ¿Es eso lo que está haciendo conmigo? (*Gritando aún más.*) ¿Es eso? Conteste, sea un hombre, diga la verdad. ¿Es eso lo que quieren hacer conmigo? ¡Cobarde!

(MIGUEL *le pega una fortísima bofetada.* JARDIEL *cae al suelo, asustado, indefenso. No se mueve.* MIGUEL *tampoco. Se miran.*)

MIGUEL   Le he dicho que se calmase.

JARDIEL   (*Sin voz.*) Me ha pegado.

MIGUEL   No me ha dejado otro remedio. (*Silencio.*) Ande, levántese. No sea crío. (MIGUEL *le ofrece la mano, pero* JARDIEL *la rechaza.*) Siéntese, por favor. No siga ahí en el suelo. Póngase de pie, hombre. Se lo pido por favor. (JARDIEL, *muy despacio, se levanta.*) Yo solo quería que se calmase.

JARDIEL   Me he calmado.

MIGUEL   Solo era eso.

JARDIEL   ¿Ahora...?

MIGUEL   Siéntese.

(JARDIEL *obedece.*)

JARDIEL   ¿Ahora va a ser así? (*Silencio.*) ¿Va a ser así a partir de ahora? (*Silencio.*) No soy un hombre fuerte. No a ese nivel, por lo menos. No lo soy.

MIGUEL   Nadie es un hombre fuerte en la situación en la que está usted.

JARDIEL   Por eso le pregunto.

MIGUEL   Yo solo quería que se calmase.

JARDIEL   Y yo solo quiero saber si me va a volver a pegar.

(*Silencio.*)

MIGUEL   Es lo malo de tener la fuerza... Al final, siempre acabas... (MIGUEL *se interrumpe. Le ofrece un cigarrillo, pero* JARDIEL *niega con la cabeza.*) Yo solo quería que usted... bueno, que usted comprendiese que tiene más en común con nosotros que con ellos. Yo solo intentaba que usted comprendiese que si un amigo, un gran hombre, como Chaplin, podía ser comunista... tal vez, no fuese todo malo en el Comunismo. En las *izquierdas*. Intentaba que viese las cosas de otro modo.

JARDIEL   ¿A su modo?

MIGUEL   A mi modo, sí.

JARDIEL   Y me ha pegado.

MIGUEL   Se me ha ido la mano. (*Silencio.*) ¿Serviría de algo que me disculpase?

JARDIEL   ¿Puedo devolverle la bofetada? (*Silencio.*) Entonces no sirve. (MIGUEL *escribe en sus papeles.* JARDIEL *se sirve café.* MIGUEL *le mira de reojo.*) Está frío.

MIGUEL   ¿Quiere que traiga más? (JARDIEL *bebe en silencio.*) No he leído su libro.

JARDIEL   ¿Cuál?

MIGUEL   Ese de Dios...

JARDIEL   *¿La tournée de Dios?*

MIGUEL   Ese.

JARDIEL   Porque ustedes lo han prohibido.

MIGUEL   ¿De qué iba?

JARDIEL   No se lo cuento.

MIGUEL   ¿Por qué?

JARDIEL   Porque si no le gusta, a lo mejor, me pega otra vez. (*Silencio.*) Si quiere saber de qué va, dígale a sus amigos que le quiten la prohibición. Si lo consigue, yo mismo, encantado, le regalo un ejemplar con mi firma y dedicatoria.

MIGUEL   No todos somos amigos.

JARDIEL   Es cierto, que ustedes andan siempre peleados entre sí.

MIGUEL   ¿De qué va el libro?

JARDIEL   ¿Estamos haciendo tiempo?

MIGUEL   Es solo una pregunta.

JARDIEL   ¿Está intentando decidir si me tienen que fusilar o no?

MIGUEL   ¿De verdad quiere que le responda?

(*Silencio.*)

JARDIEL   Es un imaginario viaje de Dios a la Tierra.

MIGUEL   ¿A la Tierra?

JARDIEL   A Madrid.

MIGUEL   ¿Solo viene a Madrid?

JARDIEL   Primero viene a Madrid. Después ya se da una vuelta por el resto del mundo.

MIGUEL   ¿Y por qué Madrid?

JARDIEL   Hombre, yo soy de aquí.

MIGUEL   ¿Orgullo patrio?

JARDIEL   Conocimiento, más que otra cosa.

MIGUEL   Y luego, ¿qué?

JARDIEL   Pues que no le gusta nada lo que hacemos los humanos, y se marcha.

MIGUEL   ¿Así?

JARDIEL   Así.

MIGUEL   ¿Sin más? ¿Se marcha sin más?

JARDIEL   No, antes da un discurso.

MIGUEL   ¿Político?

JARDIEL   Sobre la Humanidad. En la plaza de toros.

MIGUEL   ¿Le gustan los toros?

JARDIEL   ¿A mí?

MIGUEL   A Dios.

JARDIEL   No lo sé.

MIGUEL   Pero usted qué cree.

JARDIEL   Pues no lo sé. Supongo que no. A Dios le gustan los animales. Pero, bueno, no puedo estar seguro. No lo sé. Nunca he pensado en serio en Dios y en los toros. ¿Cómo voy a saber yo si a Dios le gustan los toros o no?

MIGUEL   Pues debería saberlo.

JARDIEL   ¿Por qué?

MIGUEL   Porque le ha puesto en una plaza de toros.

JARDIEL   Bueno, es un lugar como cualquier otro.

MIGUEL   ¿Y qué pasa con el discurso?

JARDIEL   Pues que no gusta.

MIGUEL   ¿A la gente?

JARDIEL   A la Humanidad.

MIGUEL   ¿Por qué?

JARDIEL   Porque la critica. Critica a los suyos... y a los otros. Critica a todo el mundo. A Dios no le caen bien ni unos ni otros.

MIGUEL   Como a usted.

JARDIEL   Puede ser.

MIGUEL   ¿Y qué pasa después?

JARDIEL   Pues que me la prohíben.

MIGUEL   No, me refiero a después del discurso.

JARDIEL   La Humanidad le da la espalda a Dios.

MIGUEL   Y Dios se marcha. (*Silencio.*) No va a gustar. Su libro no va a gustar.

JARDIEL   Ya le estoy diciendo yo que me lo han prohibido.

MIGUEL   A los otros.

JARDIEL   ¿A los otros?

MIGUEL   No les va a gustar nada. Se lo van a prohibir también. Ya verá.

JARDIEL   Pues me quedaré como estoy.

MIGUEL   Les va a parecer inmoral.

JARDIEL   Los libros no son morales o inmorales. Los libros están bien escritos o mal escritos. Nada más.

MIGUEL   Me gustaría leerlo.

JARDIEL   No está en mi mano. (*Silencio.*) ¿Usted lee?

MIGUEL   Mucho. ¿Le extraña?

JARDIEL   No. (*Pausa.*) Sí.

MIGUEL   ¿Por ser panadero?

JARDIEL   No. (*Pausa.*) Sí.

MIGUEL   ¿Y los fascistas sí leen?

JARDIEL   Sí. (*Pausa.*) No. Bueno, no lo sé. ¡No lo sé! No sé si los fascistas leen.

MIGUEL   ¿No lo sabe?

JARDIEL   A pesar de lo que usted y sus denunciantes anónimos piensan, yo no conozco a todos los fascistas españoles.

MIGUEL   Ese es su problema, señor Jardiel. ¡Ese es su problema! Cree que la diferencia de clases es intelectual.

JARDIEL   ¿Y no lo es?

MIGUEL   Económica.

JARDIEL   Y cultural.

MIGUEL   Económica. No se engañe.

JARDIEL   ¿Cuánto va a durar esto?

MIGUEL   Depende de usted.

JARDIEL   ¿De mí?

MIGUEL   Pruebe que las denuncias contra usted son falsas.

JARDIEL   Pero si no las conozco. Se niega a enseñármelas.

MIGUEL   Ya le he explicado yo...

JARDIEL   ¿Por qué me retienen?

MIGUEL   Ya lo sabe.

JARDIEL   No, no lo sé. ¿Por qué me retienen?

MIGUEL   Hay denuncias contra usted.

JARDIEL   De delatores anónimos. ¡No se las puede tomar en consideración! ¡Es una locura! ¡Llevo toda la noche intentando que usted lo comprenda! ¿Qué dicen? ¡Dígame qué dicen esas denuncias para que yo pueda defenderme! ¡Dígamelo de una vez! ¿Cuánto llevo aquí? Mi familia debe de estar volviéndose loca.

MIGUEL   Hemos enviado su nota.

JARDIEL   ¿Y qué?

MIGUEL   Les habrá tranquilizado.

JARDIEL   Estarán histéricas.

MIGUEL   Solo estamos hablando.

(JARDIEL *se pone de pie.*)

JARDIEL   Hemos oído gritos. ¡Los dos hemos oído esos gritos! ¡Gritos de un hombre al que estaban torturando!

MIGUEL   A usted nadie le ha torturado.

JARDIEL   ¡Me ha pegado una bofetada!

MIGUEL   Eso no es torturar.

JARDIEL   ¡Usted me ha pegado para que yo me callase!

MIGUEL   Para que se calmase.

JARDIEL   ¡Porque no le gustaba lo que yo estaba diciendo!

MIGUEL   No me va a perdonar lo de la bofetada, ¿verdad?

          (JARDIEL *se inclina sobre* MIGUEL *con las manos apoyadas en su mesa.*)

JARDIEL   Estamos esperando a ver si usted decide que me fusilen o no.

MIGUEL   Eso no es cierto del todo.

JARDIEL   Mi familia sabe lo que le pasa a la gente que se llevan de su casa en mitad de la noche.

MIGUEL   Ellos no saben nada.

JARDIEL   Ellas saben...

          (JARDIEL *se aparta de la mesa con brusquedad.*)

MIGUEL   Esas cosas...

JARDIEL   ¡Lo saben!

MIGUEL   Esas cosas de las que usted habla, solo le pasan a los que son culpables.

JARDIEL   ¿Quién dice quién es culpable o no? ¿Quién lo dice?

MIGUEL   Yo. (*Pausa.*) Al menos, hoy.

JARDIEL   ¿Usted?

MIGUEL   No me siento orgulloso.

JARDIEL   Usted solo es un hombre. ¡Un panadero!

MIGUEL   ¿Es menos un panadero que un escritor?

JARDIEL   ¡Exijo hablar con alguien que sepa lo que está haciendo! ¡Exijo hablar con un militar...!

MIGUEL   No nos quedan. La mayoría del Ejército está con los golpistas. Tiene que servirle un panadero.

JARDIEL   ¡Exijo hablar con alguien con autoridad! ¡Alguien que sepa lo que dice! ¡Enséñeme esas denuncias! ¡Enséñemelas, si es que existen!

MIGUEL   Por supuesto que existen.

JARDIEL   ¡Pues acúseme, acúseme de una vez de algo! ¡Esto es una locura! ¡Una locura! ¡Acúseme de algo o déjeme en paz!

MIGUEL   No puedo.

JARDIEL   ¡Lléveme ante el juez! ¡Quiero hablar con un juez! ¡Un juez, no un panadero! ¿Qué estamos haciendo con el país? ¿Panaderos de jueces; cocineros de generales; albañiles de médicos? ¿Es eso? ¿Eso es lo que quieren ustedes? ¿El mundo al revés? ¡Déjeme salir de aquí de una vez! ¡Devuélvanme a mi casa y devuélvanme mi coche! (MIGUEL *le mira fijamente. Silencio.* JARDIEL *se sienta con los brazos cruzados.*) Yo soy neutral.

MIGUEL   No existe la neutralidad en una guerra injusta.

JARDIEL   ¿Y existen las guerras justas?

MIGUEL   Nosotros solo nos estamos defendiendo.

JARDIEL   Yo estoy en el medio. Los dos bandos me caen igual de mal, y admiro cosas en los dos bandos. No me van a sacar de ahí. Téngalo usted por seguro, comandante panadero.

MIGUEL   Pues estamos listos.

JARDIEL   Lo estamos.

(*Silencio.*)

MIGUEL   Es un nombre judío.

JARDIEL   ¿Un nombre judío?

MIGUEL   Digo que es un nombre judío.

JARDIEL   ¿Qué es *un nombre judío*?

MIGUEL   El suyo. Es un nombre judío.

JARDIEL   ¿Enrique?

MIGUEL   Jardiel.

JARDIEL   Y le parecerá mal.

MIGUEL   A mí, no.

JARDIEL   Ah, me alegro.

MIGUEL   Pero a ellos... (*Silencio.*) A los otros.

JARDIEL   Sé a quiénes se refiere. (*Silencio.*) Poncela es de origen italiano. A lo mejor eso les gusta.

MIGUEL   ¿Es usted judío?

JARDIEL   Soy católico.

MIGUEL   ¿Con apellido judío?

JARDIEL   El apellido es judío, hebreo, en realidad; y yo, católico... cristiano, más bien.

MIGUEL   Pues le tocará explicárselo. A ellos, quiero decir...

JARDIEL   Si llegan...

MIGUEL   (*Sonriendo.*) Si llegan... No les gustan los judíos.

JARDIEL   Me voy a pasar la guerra dando explicaciones.

MIGUEL   Es por su carácter.

JARDIEL   ¿Le disgusta?

MIGUEL   No, ¿por qué dice eso?

JARDIEL   Como me ha pegado...

MIGUEL   No se le va a olvidar, no.

JARDIEL   Pues no lo creo.

MIGUEL   A mí me resulta simpático, señor Jardiel.

JARDIEL   Ah, gracias.

MIGUEL   Pero a ellos...

    (*Suena un grito masculino de terror.* JARDIEL *se levanta, sobresaltado, mientras* MIGUEL *se mantiene impasible. Se escucha un disparo, que corta el grito en seco. Silencio.*)

JARDIEL   ¿Qué ha sido eso? (*Silencio.*) ¿Qué ha pasado?

    (*Silencio.*)

MIGUEL   Siéntese.

JARDIEL   ¡No me siento!

MIGUEL   ¡Siéntese!

JARDIEL   ¡Que no me siento, hombre! ¡Que no me siento! ¿Qué ha sido eso?

MIGUEL   Un disparo.

JARDIEL   ¡Le han matado!

MIGUEL   Ha sido un disparo. Solo un disparo. Siéntese.

JARDIEL   ¡Ustedes le han matado! ¡Han matado a Rafael Salazar Alonso! ¡Le han matado! ¡En una celda!

MIGUEL   Esto no es...

JARDIEL   ¡En una celda! ¡Encerrado en una celda! ¿Y el juicio? ¿Y el abogado? ¿Y los cargos? ¿Son como los míos? ¿También son denuncias imaginarias de cobardes anónimos? ¿Y la legalidad? ¿Y esa legalidad republicana de la que usted hablaba?

MIGUEL   Señor Jardiel...

JARDIEL   ¡De la que presumía!

MIGUEL   ¡Señor Jardiel!

JARDIEL   ¿Dónde ha quedado todo eso?

MIGUEL   Le digo que solo ha sido un disparo.

JARDIEL   ¿Solo?

MIGUEL   Solo.

JARDIEL   ¡Le han asesinado!

MIGUEL   (*Dando un golpe en la mesa.*) ¡Estamos en guerra! (JARDIEL *mira hacia la puerta fijamente.*)
Voy a informarme. Si se queda más tranquilo,
voy a informarme.

(MIGUEL *se levanta, pero* JARDIEL *se encara con
él.*)

JARDIEL   ¡Le han matado!

MIGUEL   ¡No diga tonterías!

JARDIEL   ¡Ustedes le han matado! ¡Qué fraternidad más
peligrosa!

MIGUEL   Quédese aquí.

(MIGUEL *rodea a* JARDIEL, *esquivándole, e inicia
el mutis.*)

JARDIEL   ¿Eso es lo que quiere de mí? ¡¡Que me que-
de parado esperando a que usted se decida a
asesinarme o no?!

(JARDIEL *agarra por el brazo a* MIGUEL, *con brus-
quedad, girándole para que no pueda salir.*)

MIGUEL   ¡No me toque!

JARDIEL   ¿Es eso lo que me espera?

MIGUEL   ¡Siéntese de una vez!

JARDIEL   ¿Es eso lo que me va a pasar?

MIGUEL   ¡Que se siente, he dicho!

JARDIEL   ¿Lo mismo que a ese hombre? ¿Un tiro en la nuca? Y después, ¿qué? ¿Una fosa sin nombre?

MIGUEL   No sabemos lo que ha pasado. ¡Déjeme salir y averiguarlo!

JARDIEL   ¿Mi mujer detenida? ¿Mi hija en una inclusa? ¿Mi biblioteca quemada? ¿Mis obras prohibidas? ¿Es eso lo que me espera? ¿Es eso?

            (JARDIEL *inicia el mutis.*)

MIGUEL   ¡Ni se le ocurra moverse de aquí!

JARDIEL   ¡Apártese, panadero!

            (JARDIEL *forcejea con* MIGUEL, *el cual, más fuerte y más grande, intenta sujetarle las manos. Es casi ridículo.* JARDIEL *se suelta y le pega un golpe en la cara.* MIGUEL *le empuja con fuerza, lanzándole al suelo, desmadejándole. Según* JARDIEL *cae,* MIGUEL *saca su arma y le apunta.*)

MIGUEL   ¿Qué está haciendo, loco?

JARDIEL   ¡Terminar con esta situación!

MIGUEL   Esta situación se terminará cuando yo lo diga. ¡Cuando yo lo diga! No antes. ¿Me oye, señor Jardiel? ¡No antes!

JARDIEL   ¡Pues termínela usted!

MIGUEL   ¡Quédese en el suelo!

JARDIEL   ¡Termine de una vez! (*Levantándose.*) ¿Qué quieren de mí? (*Gritando.*) ¿Qué quieren ustedes de mí? ¿Quieren mi vida? ¿La quieren? ¡Pues dispare! ¡Dispare de una vez! ¡Dispáreme! ¡Atrévase! ¿Esto era lo que quería? Ya está. Se lo doy. Soy peligroso. ¡Le he pegado! ¡He pegado a un oficial de las dichosas milicias socialistas! (*Riendo.*) ¡Si es que eso significa algo para alguien! (*Agresivo, de nuevo.*) ¡Soy lo que le dé la gana! ¡Soy falangista, monárquico, católico apostólico y romano! ¡Lo que sea que le sirva de excusa para matarme! ¡O mándeme tras las líneas *enemigas*, con un informe que diga que soy comunista, socialista, anarquista, ¡que soy judío!, lo que quiera, para que sean ellos los que me maten, si a usted le falta el valor! ¡Le doy mi vida! ¡Se la regalo, señor Puente! Pero termine con esto de una vez.

MIGUEL   ¡Se ha vuelto loco!

(JARDIEL *avanza hacia él con los brazos en alto.*)

JARDIEL   (*Seco y duro.*) ¡Me quitaron mi coche! ¡Con violencia, me lo quitaron! ¡Y ahora me han traído hasta aquí en mitad de la noche, muerto de frío y de miedo! ¡De miedo! ¡Me ha amenazado, usted me ha amenazado, con traer aquí a Carmen! ¡Con traer a este sitio a mi hija pequeña! ¡Con eso me ha amenazado! ¡Y me ha pegado! ¡Y ahora me apunta con un arma! Si me he vuelto loco es culpa suya.

MIGUEL   ¡No sabemos lo que ha pasado!

JARDIEL   ¡Yo sí lo sé!

(JARDIEL *avanza y* MIGUEL *amartilla su arma.*)

MIGUEL   ¡Se lo advierto!

JARDIEL   Déjeme salir o pégueme un tiro.

(JARDIEL *pega su pecho contra el arma de* MIGUEL.)

MIGUEL   ¡No me obligue!

JARDIEL   Una de las dos cosas. Elija. Las dos no pueden ser.

MIGUEL   No haga esto, señor Jardiel. No lo haga. Me pone en una situación imposible, una situación que yo no quería... Una situación... (*Silencio.*) He visto todas sus comedias.

(*Silencio.*)

JARDIEL   ¿Todas?

MIGUEL   Todas.

JARDIEL   Déjeme salir.

MIGUEL   Le admiro. Como usted admira a Chaplin, yo le admiro a usted, Enrique. Siéntese, por favor.

(*Silencio.*)

JARDIEL   Déjeme salir o máteme... como han hecho con ese infeliz.

MIGUEL   No es tan fácil.

JARDIEL   Hágalo usted fácil.

MIGUEL   ¡No es tan fácil!

JARDIEL   Esfuércese.

(MIGUEL *golpea a* JARDIEL *en la cabeza con fuerza con el arma.* JARDIEL *cae al suelo, aturdido, sorprendido por la violencia.* MIGUEL *hace mutis a buen paso.* JARDIEL *intenta incorporarse, pero está mareado. Se toca la cabeza. Se apoya en la silla, pero se cae al suelo. Logra sentarse, pero no ponerse en pie. Se toca la cabeza de nuevo y, después, busca sangre en su mano. En ese instante, regresa* MIGUEL. JARDIEL *intenta moverse para alejarse de él, pero* MIGUEL *le tranquiliza con un gesto.*)

MIGUEL   No era él.

JARDIEL   ¿No le han matado?

MIGUEL   Le digo que no era él.

JARDIEL   ¿No está muerto?

MIGUEL   No era Rafael Salazar Alonso. Se equivocaron.

JARDIEL   No le creo.

MIGUEL   Haga lo que le dé la gana. (MIGUEL *se acerca y se sienta en su silla.*) Ha sido una noche muy larga. No quiero seguir discutiendo con usted.

(*Silencio.*)

JARDIEL   ¿No era... él?

MIGUEL   No lo era. Parece que llevaba sus papeles. De ahí la confusión.

JARDIEL   Una equivocación.

MIGUEL   Otra equivocación.

JARDIEL   ¿Y el auténtico Rafael?

MIGUEL   Huído. Probablemente ya esté al otro lado. No
              lo sé.

              (MIGUEL *saca unos informes de un cajón, mien-
              tras revisa las denuncias y va copiando algunos
              detalles en un papel aparte.*)

JARDIEL   ¿Y el disparo?

              (MIGUEL *levanta la cara de los papeles y mira a*
              JARDIEL *a los ojos.*)

MIGUEL   No tiene que ver con su caso.

JARDIEL   ¿No tiene que ver...?

MIGUEL   Con su caso. No tiene que ver con usted.

JARDIEL   Aun así, quiero saberlo.

MIGUEL   Tampoco tiene que ver conmigo.

              (MIGUEL *vuelve a escribir a buen ritmo.*)

JARDIEL   (*Para sí mismo.*) Nos hemos hecho un lío. Nos
              hemos hecho un lío muy grande.

MIGUEL   (*Sin mirarle.*) ¿Nosotros?

JARDIEL   Y los demás. El país entero.

MIGUEL   (*Sin mirarle.*) Puede ser.

JARDIEL   Todo está enredado. Y alguien tiene que venir a desenredarlo.

MIGUEL   (*Levantando la cabeza.*) ¿Y si no puede desenredarse?

JARDIEL   Pues, entonces... bueno, cuando hay un nudo y no se puede deshacer... toca cortarlo.

MIGUEL   No creo que vaya a ser cosa nuestra cortarlo, señor Jardiel.

JARDIEL   No me da esa sensación, señor Puente.

MIGUEL   Es la tercera vez. (*Silencio.*) Que me llama por mi nombre.

JARDIEL   Lo sé.

MIGUEL   Aunque usted se ría de mí, me gustaba ser panadero. Más que esto, se lo aseguro.

JARDIEL   Pero lo hace.

MIGUEL   Alguien tiene que hacerlo.

JARDIEL   Alguien tiene que castigar a los culpables, ¿verdad?

MIGUEL   ¿En serio no quiere usted hacerse comunista? Les encantaría su retórica. (MIGUEL *le tiende un papel.* JARDIEL *lo coge y lo lee, sin entender.*) ¿Reconoce esos nombres?

JARDIEL   Sí, claro. ¿Son los que...? (MIGUEL *le mira atentamente y se prepara para escribir.*) El primero es un crítico de teatro con el que he tenido algunos... desencuentros.

MIGUEL   ¿Por sus críticas?

JARDIEL   Por sus comedias... que intentaba estrenar y que no colocaba por mi culpa, según él. El segundo es un colaborador de una revista, al que acusé de plagiarme un artículo. El tercero es un actor al que insistí en que se despidiese por no saberse su papel. (MIGUEL *extiende la mano para que* JARDIEL *le devuelva el papel.*) Hay más.

MIGUEL   Es igual.

JARDIEL   También les conozco.

MIGUEL   Le digo que es igual. (JARDIEL *le devuelve el papel.*) Puede irse.

JARDIEL   ¿Puedo irme?

MIGUEL   Puede irse.

JARDIEL   ¿A dónde?

MIGUEL   A su casa. (JARDIEL *no reacciona.*) O a donde prefiera. Ahora daré aviso para que le acerquen. (JARDIEL *se levanta, abatido, y se encamina hacia la puerta, con paso cansado.*) Puede ser que mañana necesitemos hablar con usted de nuevo.

JARDIEL   ¿Mañana?

MIGUEL   Puede ser.

(Silencio. JARDIEL *hace ademán de continuar el mutis, pero, de pronto, se detiene y se gira hacia* MIGUEL.*)*

JARDIEL   Si no le importa...

MIGUEL   ¿Sí?

JARDIEL   Si no le importa, para evitar nuevos sustos en mi casa, ¿podrían buscarme en el café *Europeo*?

MIGUEL   ¿Café *Europeo*?

JARDIEL   Estaré toda la mañana allí trabajando.

MIGUEL   ¿Comedia nueva?

JARDIEL   Hay que comer.

MIGUEL   Una pregunta.

JARDIEL   ¿Otra?

MIGUEL   ¿Está usted sindicado?

JARDIEL   ¿Para qué?

MIGUEL   Debería sindicarse.

JARDIEL   Si lo hiciese ahora, dirían que lo hago por miedo.

MIGUEL   No sería un mal motivo.

JARDIEL   Me lo pensaré.

MIGUEL   (*Sonriendo.*) No creo que lo haga.

           (JARDIEL *le devuelve la sonrisa, y comienza a caminar de nuevo.*)

MIGUEL   Señor Jardiel, intente usted pasar desapercibido... Intente no llamar la atención. No ser tan... tan... irritante.

JARDIEL   Tengo fama de ser irritante...

MIGUEL   ¿Y?

JARDIEL   No me gusta desilusionar. (*La luz baja sobre la mesa de* MIGUEL, *hasta hacerlo desaparecer, mientras* JARDIEL *se dirige hacia el centro del escenario.*) Cuando llegué a casa, mi familia me recibió como si hubiese regresado de entre los muertos. Carmen sabía ya de muchos a los que les habían dado el *paseo* desde que comenzó la guerra. De mi noche en la checa de Medinaceli no le conté nunca nada a nadie. No hablé de ello. Sentía una mezcla de miedo y vergüenza muy difícil de explicar. Me limité a decir que fue un interrogatorio rutinario. Por el coche. Nadie se lo creyó, pero respetaron mi silencio. No fui capaz de dormir en toda la noche. Notaba la respiración intranquila de Carmen a mi lado. Ella tampoco dormía. Ninguno dijimos nada. Al día siguiente, cogí mis cuartillas, mis cosas de escribir y me fui al café *Europeo*. Me senté en una mesa cercana a la cristalera, pedí café y me dispuse a trabajar. Llevaba en la cabeza varios asuntos de comedias en los que quería adelantar. El prólogo de lo que luego serían *Los ladrones...* y las notas que darían origen a *Un marido de ida y vuelta*, ya al terminar la guerra. Alguna cosa más. A eso de la una, un coche se paró frente al café y unos milicianos se bajaron de él. Se acercaron al ventanal y me miraron desde allí. No dijeron nada. No hicieron nada. Yo bajé la cabeza y escribí. No sé exactamente qué fue lo que estuve garabateando. Fue mucho rato. O a mí se me hizo muy largo. ¡Qué cosas! En mi vida nunca, ni aún ahora, pobre y fracasado, he vuelto a pasar tanto miedo. Ni aún ahora, hoy, que me muero de cáncer. Los milicianos se fueron y yo me quedé allí solo, escribiendo y apretando los dientes con fuerza. Luego, más adelante, cuando me decidí a contar lo que ocurrió esa noche, lo adorné. (*Se ríe sin humor.*) Me presenté más valiente y más seguro de lo que nadie podría estar jamás en esa situación. Me redimí. Me redimí del miedo que me metió en el cuerpo el comandante panadero. Me redimí, bueno, supongo que me vengué de lo pequeño que me había hecho sentir. Le puse de imbécil, y a mí me puse de héroe. Es una forma de verlo. Pasó el día y volví a casa. No sabía yo si debía, haciendo honor a mi palabra, volver todas las mañanas a ese café, por si acaso. Y tampoco andaba con ganas de dejarme caer por la checa para preguntar si me necesitaban para algo. El día que iba al café lo pasaba asustado en la mesa, sin dejar de mirar por el ventanal; el día que no, lo pasaba asustado en casa, mirando por la ventana. Me dejé crecer la barba. Para pasar desapercibido. Acabé encerrándome en casa. (*Se gira y se dirige a la mesa. Se sienta en el lugar donde antes se sentaba* MIGUEL *y comienza a escribir, arropándose con una manta gris.*) Algunos meses después, conseguí pasar a la zona nacional, donde en principio no tenían nada contra mí. La verdad es que de haberlo tenido en la zona republicana, me habrían matado y ya está. Esa noche o la siguiente. Tiempo hubo. Pero no, me dejaron en paz, y así pude escapar del terror marxista. (*Comienza a reírse hasta que la risa se le descompone en una tos que le dobla por la mitad.*) Después del terror marxista, vino el terror nacional. Y luego, con la dictadura, me prohibieron las novelas. ¡Todas! (*Se ríe.*) Me censuraron las comedias. (*Tose.*) Y después, en una gira que hice por Sudamérica, los exiliados marxistas me sabotearon acusándome de ser un hombre del Régimen. Se ve que no acierto ni con unos ni con otros. Al final, parece que todos tenían algo contra mí. También yo tenía cosas contra los dos. No me puedo quejar. (*Tose.*) Decía lo que me daba la gana, de los rojos, de los fascistas, de las mujeres, de los hombres, de los médicos, del amor... de todo. ¡Qué tiempos! No me callaba, no. No lo hacía. Hasta... que... bueno... hasta que empezó el miedo... El miedo... que llegó y que vino para quedarse, supongo.

(*Comienza a reírse.* Miguel *regresa a escena y observa cómo a* Jardiel *le parte otro ataque de tos.*)

MIGUEL   Mal hábito ese, señor Jardiel.

JARDIEL   (*Sin comprender con quién habla.*) ¿El de toser?

MIGUEL   El de reírse de todo.

JARDIEL   ¡Es usted! ¡Comandante panadero!

MIGUEL   ¡Difunto comandante panadero!

JARDIEL   ¡No me diga!

MIGUEL   Le digo, le digo.

JARDIEL   ¿Y cómo es que está usted muerto?

MIGUEL   Por la batalla del Ebro.

JARDIEL   Pero si usted ha venido a visitarme...

MIGUEL   Sí, señor Jardiel. Siento mucho ser yo el que se lo diga.

JARDIEL   Pues ni me he dado cuenta.

MIGUEL   Es mejor así. Créame.

JARDIEL   Ya, pero tan rápido...

MIGUEL   Hombre, la agonía ha sido lenta.

JARDIEL   Tenía que haberlo hecho al revés. Me precipito en los finales. No lo sé... Unas últimas palabras en condiciones, tal vez... algo memorable.

MIGUEL   Dejó un buen epitafio.

JARDIEL   Sí, la cosa esa de los elogios.

MIGUEL   *Si buscáis los máximos elogios, moríos.*

JARDIEL   No está mal, ¿verdad?

MIGUEL   Y tenía razón. Con el tiempo se le reconoce, señor Jardiel.

JARDIEL   ¿Mucho?

MIGUEL   A usted le va a parecer que no lo bastante. Mundialmente, se le reconoce mundialmente.

JARDIEL   ¿Y en España?

MIGUEL   Bueno... Mire, por poner ejemplos, que sé que le gustan...

JARDIEL   Se acuerda de todo.

MIGUEL   De lo importante. Verá, déjeme que le explique... Es usted más popular que Muñoz Seca, que lo matamos nosotros, pero menos que Lorca, que lo mataron ellos; y, bueno, un poco más, tal vez, que Miguel Hernández... que también lo mataron ellos.

JARDIEL   A ellos les mataron, y a mí no me dejaron vivir.

MIGUEL   No, la verdad es que los artistas no salieron bien parados.

JARDIEL   Ni los panaderos, supongo.

MIGUEL   Ya, pero como éramos más, se notó menos.

JARDIEL   ¡Qué mal nos salió la guerra!

MIGUEL   Sí, fue una tontería empezarla. (*Dándole una palmada en el hombro, que le hace toser.*) Pero, bueno, señor Jardiel, usted ya no tiene que preocuparse de nada. ¡Se ha convertido en un clásico! Nadie recuerda los nombres de los que le criticaron, ni de los que le prohibieron, ni de los que le insultaron... La muerte se los ha llevado para siempre. Y a usted, ¡a usted, en cambio!, le ha hecho inmortal.

JARDIEL   No es mucho consuelo.

MIGUEL   ¡No sabe la de gente que le va a copiar, ahora que es usted un clásico!

JARDIEL   Eso ya me pasaba en vida.

MIGUEL   Tenía que haberse muerto antes.

JARDIEL   Le diré que me daba pereza.

MIGUEL   ¡Siempre con la risa a cuestas!

JARDIEL   La risa, la risa... Es tan fácil hacer llorar a una persona... y, en cambio, es tan difícil hacerla reír. Es tan difícil que el mundo se ría. Y la risa es tan necesaria, tan necesaria para ahuyentar al miedo. Y oiga usted, Miguel... ¿puedo llamarle Miguel?

MIGUEL   Hombre, claro.

JARDIEL   Pues Miguel, verá, eso de convertirme en un clásico reconocido...

MIGUEL   ¡Mundialmente reconocido, Enrique!

JARDIEL   Sí, mundialmente reconocido, muy bien... Bueno, pues eso a mí, la verdad, me da igual. Estando muerto no tiene tanta gracia. Lo que a mí me importa, lo que a mí me importa de verdad ahora, es... bueno, es... ¿la gente se ríe? ¿La gente aún se ríe con lo que yo escribí?

MIGUEL   Mucho, Enrique.

JARDIEL   ¿Mucho? ¿Cuánto?

MIGUEL   Muchísimo.

JARDIEL   ¡Muchísimo! Cuatro novelas prohibidas, varias obras que me plagiaron, casi todas las comedias censuradas, el corazón varias veces roto, perder el dinero y morir pobre, amigos de siempre que ya no te saludan por la calle, traiciones, fracasos, éxitos, café, mucho café... y parece que en el futuro la gente se sigue riendo conmigo. No ha sido una mala vida, Miguel. No lo ha sido, la verdad.

(Comienzan a oírse risas a lo lejos. JARDIEL *mira alrededor, reconociéndolas, y riendo a su vez.)*

MIGUEL   ¿Está listo, entonces?

JARDIEL   *(Riendo.)* ¿Para qué?

MIGUEL   Para el Más Allá.

JARDIEL   *(Riendo.)* Claro, vamos. ¿Por dónde queda?

MIGUEL   Cuénteme cosas, Enrique, cuénteme más cosas de su viaje a Hollywood.

JARDIEL   (*Riendo.*) ¡Menudo socialista está usted hecho, Miguel, que solo piensa en Hollywood! Yo le cuento, claro que le cuento, pero como se enteren, le van a echar del partido.

(*Los dos comienzan el mutis, charlando y riendo, mientras se hace un...*)

Oscuro.

Esta primera edición de *Jardiel en la checa*,
de Ramón Paso, terminó de imprimirse
en mayo de dos mil veinticinco,
en Madrid.